Débranchez-vous !

DU MÊME AUTEUR

La forêt interdite, Bayard jeunesse, 2010
Les Radley, roman, Albin Michel, 2010 ;
Le Livre de Poche, 2012
Humains, roman, Hélium, 2014
Rester en vie, essai, Philippe Rey, 2016 ;
Le Livre de Poche, 2018

Matt Haig

Débranchez-vous !

Comment trouver la paix dans un monde survolté

TRADUIT DE L'ANGLAIS (ROYAUME-UNI)
PAR SAMUEL SFEZ

Philippe Rey

Titre original : *Notes on a Nervous Planet*

Published by arrangement with Canongate Books Ltd, 14 High Street,
Edinburgh EH1 1TE

7, rue Rougemont – 75009 Paris

www.philippe-rey.fr

1

Un esprit stressé dans un monde stressé

Une conversation, il y a environ un an

J'étais stressé.

Je tournais en rond, j'essayais de gagner une querelle sur Internet. Et Andrea me regardait. En tout cas, je *crois* qu'Andrea me regardait. Difficile à dire, je fixais mon téléphone.

« Matt ? Matt ?

– Hein ? Ouais ?

– Qu'est-ce qui se passe ? demanda-t-elle, de la voix désespérée que l'on développe quand on est mariée. Ou du moins mariée à moi.

– Rien.

– Ça fait plus d'une heure que tu n'as pas levé le nez de ton téléphone. Tu tournes en rond, tu te cognes contre les meubles. »

Mon cœur battait à tout rompre. J'avais la poitrine serrée. Fuir ou se battre. Je me sentais acculé, menacé par quelqu'un sur Internet qui vivait à douze mille kilomètres de moi et que je ne rencontrerais jamais, mais qui parvenait tout de même à gâcher mon week-end.

« Je réponds juste à quelque chose.

– Matt, déconnecte.

– Je dois juste… »

Le problème, avec l'agitation mentale, c'est que de nombreuses choses qui vous font vous sentir mieux à court terme vous font vous sentir moins bien à long terme. Vous vous distrayez, alors qu'il vous faudrait mieux vous connaître.

« Matt ! »

Une heure plus tard, en voiture, Andrea me jette un regard, à la place du passager. Je ne suis pas sur mon téléphone, mais je le serre dans ma main, pour me rassurer, telle une bonne sœur tenant son rosaire.

« Matt, ça va ?

– Ouais, pourquoi ?

– Tu as l'air perdu. Tu as le même air que quand… »

Elle s'arrête avant de dire « quand tu souffrais de dépression », mais je sais de quoi elle parle. D'ailleurs, je sens l'anxiété et la dépression autour de moi. Pas vraiment là, mais pas loin. Je peux presque toucher leur souvenir dans l'air étouffant de la voiture.

« Je vais bien. » Mensonge. « Je vais bien, je vais bien… »

Une semaine plus tard, je suis allongé sur mon canapé, plongé dans ma onzième crise d'angoisse.

Corriger la vie

J'avais peur. Le contraire aurait été impossible. La peur est l'essence de l'angoisse.

Les crises se rapprochaient. Je me demandais, inquiet, où elles allaient me mener. Il ne semblait pas y avoir de limite au désespoir.

J'ai tenté de m'en sortir en me distrayant. Je savais par expérience que l'alcool m'était interdit. J'ai donc suivi ce qui m'avait déjà aidé à sortir du trou. Les choses que j'oublie d'accomplir dans la vie quotidienne. J'ai fait attention à ce que je mangeais. J'ai pratiqué le yoga. J'ai essayé de méditer. Je me suis allongé par terre, j'ai posé ma main sur mon ventre et j'ai inspiré profondément – inspiration, expiration, inspiration, expiration –, puis je me suis concentré sur le rythme saccadé de mon souffle.

Malgré cela, tout était difficile. Même choisir quoi me mettre le matin pouvait me faire pleurer. Peu importait que j'aie déjà éprouvé cela. On n'a pas moins mal à la gorge parce qu'on a déjà eu mal à la gorge.

J'ai essayé de lire, mais difficile de me concentrer.

J'ai écouté des podcasts.

J'ai regardé de nouvelles séries sur Netflix.

Je suis allé sur les réseaux sociaux.

J'ai essayé d'avancer dans mon travail en répondant à tous mes e-mails.

En me réveillant, je serrais mon téléphone, espérant que ce que j'y trouverais pourrait me faire sortir de moi.

Mais – surprise – ça n'a pas marché.

Je me suis senti encore moins bien. Beaucoup de ces « distractions » ne faisaient que me distraire davantage. Selon l'expression de T. S. Eliot dans *Quatre Quatuors*, j'étais « distrait de la distraction par la distraction ».

Je fixais un e-mail que je n'avais pas traité, terrifié, incapable d'y répondre. Je remarquais que sur Twitter, ma disctraction en ligne de prédilection, mon anxiété s'amplifiait. Le seul fait de dérouler mon fil d'actualités était une plaie ouverte.

J'ai lu des sites d'information – une autre distraction – et mon esprit n'a pas supporté. Savoir qu'il y avait tant de souffrance dans le monde ne m'a pas aidé à mettre ma douleur en perspective. Je me sentais seulement impuissant. Et je me trouvais pathétique que mes malheurs invisibles me paralysent alors qu'il y avait tant de malheurs *visibles* dans le monde. Mon désespoir s'intensifia.

J'ai donc décidé de faire quelque chose.

De me déconnecter.

J'ai choisi de ne plus consulter les réseaux sociaux pendant quelques jours. J'ai mis une réponse automatique sur ma messagerie. J'ai cessé de consulter les sites d'information. Je n'ai plus branché la télé. Je n'ai plus visionné de vidéos musicales. J'évitais même les magazines. (Quand je suis tombé malade, il y a des années de cela, les pages vives des magazines s'attardaient et encombraient mon esprit d'images fiévreuses quand j'essayais de dormir.)

J'ai laissé mon téléphone au rez-de-chaussée quand j'allais me coucher. J'ai tâché de sortir davantage. Ma table de chevet croulait sous un chaos de fils, d'objets technologiques et de livres que je n'essayais pas vraiment de lire. J'ai donc rangé, tout enlevé.

À la maison, j'ai essayé de rester allongé dans le noir autant que possible, comme quand on a la migraine. Depuis que j'ai été malade au point de devenir suicidaire quand j'avais vingt ans, j'ai compris que pour aller mieux il fallait que je corrige ma vie.

Que je *retire*.

Comme dit le chantre du minimalisme Fumio Sasaki : « Avoir moins est un bonheur. » Les jours qui ont suivi ma première rencontre avec la panique, les seules choses que j'avais supprimées étaient l'alcool, les cigarettes et le café fort. À présent, des années plus tard, je comprenais que le problème tenait à une surcharge plus générale.

Une surcharge de ma vie.

Et certainement une surcharge technologique.

Cette fois-ci, la seule véritable technologie que j'ai utilisée pour me reprendre – à part la voiture et la cuisinière – a été YouTube où je regardais les vidéos de yoga à une luminosité minimale.

L'angoisse n'a pas disparu par miracle. Bien sûr que non.

Contrairement à mon Smartphone, l'angoisse n'a pas de fonction « faire glisser pour éteindre ».

Mais j'ai cessé de me sentir *moins bien*. J'ai stagné. Au bout de quelques jours, j'ai commencé à me calmer.

Le chemin familier de la guérison est arrivé plus tôt que je ne m'y attendais. M'abstenir de stimulants – pas seulement l'alcool et la caféine, mais aussi tout le reste – a fait partie du processus.

Bref, j'ai recommencé à me sentir libre.

À l'origine de ce livre

La plupart des gens savent que le monde moderne peut avoir des conséquences sur leur physique. Que, malgré le progrès, certains aspects de la vie moderne sont dangereux pour notre corps. Les accidents de voiture, le tabac, la pollution de l'air, un style de vie sédentaire, la pizza à emporter, les radiations, le quatrième verre de merlot.

Même rester assis devant un ordinateur portable peut présenter certains dangers physiques. Immobilité prolongée, troubles musculosquelettiques. Un jour, un opticien m'a expliqué que mon infection oculaire et mes conduits lacrymaux bouchés étaient dus au fait que j'avais fixé un écran pendant trop longtemps.

Ainsi, de même que santé physique et santé mentale sont liées, ne peut-on pas en dire autant de nos états mentaux et du monde moderne ? Notre manière de vivre ne peut-elle pas influencer notre esprit ?

Il ne s'agit pas seulement des *objets* de la vie moderne, mais aussi de ses valeurs. Les valeurs qui nous poussent à désirer plus que ce que nous avons. À valoriser davantage le travail que la détente. À comparer nos pires défauts avec les meilleurs côtés des autres. À croire qu'il nous *manque* toujours quelque chose.

À mesure que je me sentais mieux, jour après jour, l'idée de ce livre a commencé à naître.

J'ai déjà évoqué ma santé mentale dans *Rester en vie*. Mais la question n'était plus : *Pourquoi devrais-je rester en vie ?* Cette fois-ci, elle était plus vaste : *Comment pouvons-nous vivre dans un monde fou sans devenir fous nous-mêmes ?*

Nouvelles d'une planète nerveuse

Quand j'ai commencé mes recherches, je suis rapidement tombé sur des titres accrocheurs, typiques d'une époque accrocheuse. De toute évidence, les informations semblent *conçues* pour nous stresser. Si elles étaient conçues pour nous calmer, elles ne seraient pas des informations. Ce serait du yoga. Ou un chiot. Paradoxalement, les entreprises d'information qui parlent d'anxiété nous rendent anxieux.

Voici quelques-uns de ces titres :

LE STRESS ET LES RÉSEAUX SOCIAUX ALIMENTENT LA CRISE DE SANTÉ MENTALE CHEZ LES FILLES (*The Guardian*)

LA SOLITUDE CHRONIQUE, UNE ÉPIDÉMIE MODERNE (*Forbes*)

FACEBOOK « PEUT VOUS RENDRE MALHEUREUX », DIT FACEBOOK (*Skynews*)

FORTE AUGMENTATION DES AUTOMUTILATIONS CHEZ LES ADOLESCENTS (BBC)

LE STRESS AU TRAVAIL CONCERNE 73 % DES SALARIÉS (*The Australian*)

FORTE HAUSSE DES TROUBLES DE L'ALIMENTATION CAUSÉS PAR UNE SUREXPOSITION AU CORPS DES CÉLÉBRITÉS (*The Guardian*)

SUICIDE À L'UNIVERSITÉ : LA PRESSION DE LA PERFECTION (*The New York Times*)

STRESS ET HOSTILITÉ EN HAUSSE DANS LES LYCÉES DE L'ÈRE TRUMP (*The Washington Post*)

HONG KONG : LES ENFANTS SONT ÉDUQUÉS POUR ÊTRE LES MEILLEURS, PAS POUR ÊTRE HEUREUX (*South China Morning Post*)

ANGOISSE : DE PLUS EN PLUS DE GENS SE TOURNENT VERS LES MÉDICAMENTS POUR COMBATTRE LE STRESS (*El País*)

UNE ARMÉE DE THÉRAPEUTES DÉPLOYÉE DANS LES ÉCOLES POUR LUTTER CONTRE L'ÉPIDÉMIE D'ANGOISSE (*The Telegraph*)

SOUFFRONS-NOUS TOUS DE DÉFICIT D'ATTENTION À CAUSE D'INTERNET ? (*The Washington Post*)

« NOTRE ESPRIT PEUT ÊTRE PIRATÉ » : CES SPÉCIALISTES DE LA TECHNOLOGIE QUI CRAIGNENT UNE DYSTOPIE DU SMARTPHONE (*The Guardian*)

Les adolescents sont de plus en plus angoissés et déprimés (*The Economist*)

Instagram : le pire réseau social pour la santé mentale des jeunes (CNN)

Pourquoi le taux de suicide explose-t-il dans le monde entier ? (Alternet)

Comme je l'ai fait remarquer, il est paradoxal que la lecture d'articles de presse sur ce qui nous rend anxieux et déprimés nous rende effectivement anxieux. Cela en dit long sur les titres eux-mêmes.

L'objectif de ce livre n'est pas d'affirmer que tout est catastrophique et que nous sommes tous foutus, nous avons déjà Twitter pour ça. Non. Le but n'est pas non plus de prétendre que tous les problèmes du monde moderne sont pires qu'avant. Par certains aspects, la situation s'améliore nettement. D'après des chiffres de la Banque mondiale, le nombre de personnes vivant dans des conditions de pauvreté extrême diminue radicalement, et plus d'un milliard de personnes en sont sorties au cours des trente dernières années. Pensez aux millions de vies d'enfants sauvées par les vaccins dans le monde entier. Comme fait remarquer Nicholas Kristof dans un article du *New York Times* en 2017, « si la pire chose qui peut arriver à un parent est de perdre un enfant, cela a moitié moins de chances de se produire aujourd'hui qu'en 1990 ». Ainsi, malgré la violence, l'intolérance et l'injustice économique qui prédominent dans notre espèce, nous avons aussi – à l'échelle mondiale – des raisons d'être fiers et d'espérer.

Le problème est que chaque époque présente des défis aussi uniques que complexes. Si beaucoup de choses se sont améliorées, ce n'est pas le cas pour tout. Les inégalités persistent. De nouvelles difficultés sont apparues. Les gens ont tendance à vivre dans la peur, à se sentir inadaptés, voire suicidaires, alors qu'ils possèdent – matériellement – plus que jamais.

J'ai une conscience aiguë du fait que mettre en avant les avantages de la vie moderne, par exemple la santé, l'éducation ou la hausse du revenu moyen, n'aide pas. C'est comme agiter le doigt pour dire à un dépressif qu'il doit s'estimer heureux parce qu'il n'y a pas mort d'homme. Ce livre vise à reconnaître que ce que nous ressentons est tout aussi important que ce que nous possédons. Que le bien-être mental compte autant que le bien-être physique – en fait, il fait partie du bien-être physique. Et que, de ce point de vue, quelque chose ne tourne pas rond.

Si le monde moderne nous fait nous sentir mal, alors peu importe ce qui va bien, car c'est affreux de se sentir mal. Et se sentir mal quand on nous dit qu'il n'y a aucune raison pour cela, c'est encore pire.

J'entends ici replacer tous ces titres stressants dans leur contexte et passer en revue les moyens de nous protéger dans un monde de panique potentielle. Car, quels que soient les autres avantages dont on jouit notre esprit reste vulnérable. De nombreux problèmes de santé mentale connaissent une augmentation quantifiable et – si nous croyons que notre santé mentale est importante – nous avons désespérément besoin de comprendre ce qui se cache derrière ces changements.

Les problèmes de santé mentale ne sont pas :

Un train en marche.
À la mode.
Une passade.
Une tendance des célébrités.
Le résultat d'une prise de conscience plus importante des problèmes de santé mentale.
Toujours faciles à évoquer.
Ce qu'ils ont toujours été.

Le yin du yang

C'est le conte de deux réalités.

Certes, beaucoup d'entre nous ont de nombreuses raisons d'être reconnaissants au monde développé. Augmentation de l'espérance de vie, déclin de la mortalité infantile, absence de grandes guerres mondiales. Nous avons satisfait l'essentiel de nos besoins fondamentaux. Beaucoup d'entre nous vivent dans une relative sécurité physique au quotidien, avec un toit au-dessus de la tête et de la nourriture sur la table. Mais après avoir résolu certains problèmes, nous en reste-t-il d'autres ? Certaines avancées sociales ont-elles créé de nouvelles difficultés ? Bien sûr.

C'est comme si nous avions temporairement résolu le problème du manque pour le remplacer par celui de l'excès.

Partout, les gens cherchent à changer leur vie en retirant des choses. Les régimes sont le meilleur exemple de cette passion pour la restriction, mais pensez aussi à la tendance à consacrer des mois entiers au véganisme, à la sobriété, pensez au désir toujours plus fort de « désintoxication électronique ». Le développement de la pleine conscience, de la méditation et des styles de vie minimalistes est une réponse visible à une culture en surcharge. Le yin du yang frénétique de la vie au XXIe siècle.

Effondrement

Une fois ma dernière crise d'angoisse passée, j'ai commencé à hésiter.

Peut-être que c'est une idée stupide.

Je me suis demandé si c'était une mauvaise chose de s'attarder sur des *problèmes*. Puis je me suis rappelé que ne pas parler des problèmes est en soi un problème. C'est ce qui pousse les gens à s'effondrer au bureau, en classe. C'est ce qui remplit les services d'addictologie, les hôpitaux, et fait exploser les statistiques du suicide. En fin de compte, j'ai décidé que, pour moi, savoir ces choses est essentiel. Je veux trouver des raisons d'être positif, des manières d'être heureux, mais j'ai d'abord besoin de connaître la réalité de la situation.

Par exemple, à titre personnel, j'ai besoin de savoir pourquoi j'ai peur de *ralentir*, comme si j'étais dans le bus de *Speed* qui explose s'il descend en dessous de quatre-vingts kilomètres à l'heure. Je veux comprendre si ma vitesse est liée à la vitesse du monde.

La raison en est simple, et assez égoïste. Savoir où peut aller mon esprit me pétrifie, car je sais où il est déjà allé. Je sais aussi que si je suis tombé malade quand j'avais vingt ans, c'est en partie à cause de mon style de vie. Beaucoup d'alcool, peu de sommeil, le désir d'être ce que je n'étais pas, la pression de la société dans son ensemble. Je veux ne jamais retomber dans cette situation, et je dois faire attention non seulement aux états où le stress peut emmener les gens, mais aussi à ses origines. Je veux savoir si je me sens parfois au bord de l'effondrement parce que le monde est lui-même au bord de l'effondrement.

Le terme anglais *breakdown* est imprécis, ce qui explique peut-être pourquoi les médecins l'évitent ces derniers temps, mais on comprend ce qu'il évoque. Le dictionnaire le définit comme « 1. Une panne mécanique » et « 2. L'échec d'une relation ou d'un système ».

Pas la peine de chercher bien loin pour voir les signes avant-coureurs d'un effondrement non seulement en nous-même, mais dans le monde extérieur. Il peut sembler exagéré de dire que la planète court à l'effondrement. Mais nous savons sans l'ombre d'un doute que le monde change de nombreuses manières – technologique, environnementale, politique. Et rapidement. Nous avons plus que jamais besoin de savoir comment corriger le monde pour qu'il ne nous pousse pas à l'effondrement.

La vie est belle (mais)

La vie est belle.

Même la vie moderne. Peut-être *particulièrement* la vie moderne. Nous sommes saturés par un million de magies éphémères. Il nous suffit de saisir un objet pour contacter des gens sur l'autre hémisphère. Quand nous choisissons nos vacances, nous pouvons lire les commentaires des gens qui ont dormi la semaine dernière dans l'hôtel que nous voulons. Nous pouvons consulter une image satellite de la moindre rue de Tombouctou. Quand nous sommes malades, nous pouvons aller chez le médecin et recevoir des antibiotiques pour guérir de maladies qui autrefois nous auraient tués. Au supermarché, nous pouvons acheter un fruit du dragon du Vietnam ou du vin du Chili. Si un politicien fait ou dit quelque chose avec lequel nous ne sommes pas d'accord, il n'a jamais été plus facile d'exprimer ce désaccord. Nous avons accès à davantage d'informations, de films, de livres, de *tout* que jamais.

Dans les années 1990, quand le slogan de Microsoft nous demandait : « Où voulez-vous aller aujourd'hui ? », il s'agissait d'une question rhétorique. À l'ère numérique, la réponse est :

partout. Pour citer le philosophe Søren Kierkegaard, l'anxiété est peut-être « l'ivresse de la liberté », mais cette liberté de choix reste un miracle.

Cependant, si les choix sont infinis, notre vie est limitée. Nous ne pouvons pas vivre toutes les vies. Nous ne pouvons pas voir tous les films, lire tous les livres, visiter tous les endroits de cette belle planète. Au lieu que cela nous paralyse, nous devons sélectionner parmi ce qui s'offre à nous. Nous devons trouver ce qui est bon pour nous et écarter le reste. Nous n'avons pas besoin d'un autre monde. Tout ce dont nous avons besoin est là, si nous cessons de croire que nous avons besoin de tout.

Requins invisibles

Le plus frustrant avec l'angoisse, c'est qu'il est souvent difficile de lui trouver une raison. Il n'y a pas de menace visible, pourtant vous vous sentez absolument terrifié. Que du suspense, aucune action. Comme *Les Dents de la mer* sans le requin.

Pourtant, il y a souvent des requins. Des requins métaphoriques, invisibles. Car même quand nous avons l'impression de nous inquiéter sans raison, les raisons sont là.

« Il nous faudrait un plus gros bateau », disait le chef Brody dans *Les Dents de la mer*.

C'est peut-être bien notre problème. Pas les requins métaphoriques, mais nos bateaux métaphoriques. Peut-être supporterions-nous mieux le monde si nous savions où se trouvent ces requins, et de quoi nous avons besoin pour naviguer sains et saufs dans les eaux de la vie.

Bug

J'ai parfois la sensation que ma tête est un ordinateur avec trop de fenêtres ouvertes. Trop de bazar sur le bureau. Comme si une roue arc-en-ciel tournait en moi. Qui me paralyse. Si seulement je trouvais un moyen de fermer certains cadres, si seulement je pouvais mettre ce bazar à la corbeille, tout irait bien. Mais quelle fenêtre choisirai-je, si elles me paraissent toutes essentielles ? Comment empêcher mon esprit d'être surchargé quand le monde est surchargé ? Nous pouvons penser à *n'importe quoi*. Il est donc normal que nous nous retrouvions parfois à penser à *tout*. Nous devrions peut-être avoir le courage de temps à autre d'éteindre les écrans afin de nous rallumer, nous. Afin de nous déconnecter pour nous reconnecter.

Choses plus rapides qu'avant

Le courrier.
Les voitures.
Les coureurs olympiques.
Les informations.
La puissance de calcul.
Les photographies.
Les scènes dans les films.
Les transactions financières.
Les voyages.
La croissance de la population mondiale.
La déforestation de l'Amazonie.
La navigation.
Le progrès technologique.
Les relations.
Les événements politiques.
Les pensées dans notre tête.

Catastrophe 24 h/24

L'inquiétude est un petit mot sympathique qui donne l'impression qu'on peut garder un œil dessus. Pourtant, s'inquiéter pour l'avenir – les dix prochaines minutes, les dix prochaines années – est le principal obstacle qui m'empêche de vivre dans l'instant présent et de l'apprécier.

Je suis un catastrophiste. Je ne me contente pas de m'*inquiéter*. Non. Mon inquiétude est ambitieuse. Mon inquiétude est sans limites. Mon angoisse – même quand je ne souffre pas d'Angoisse avec un A majuscule – est assez grande pour aller partout. Je n'ai jamais eu de mal à envisager le pire scénario possible et à m'y attarder.

Je suis ainsi depuis aussi longtemps que je me souvienne. Combien de fois suis-je allé chez le médecin, persuadé que j'étais à l'article de la mort à cause d'une maladie que j'avais attrapée tout seul sur Google ? Enfant, si ma mère venait me chercher en retard à l'école primaire, je ne mettais pas plus de quelques minutes à me convaincre qu'elle était probablement morte dans un affreux accident de voiture. Ce n'est jamais arrivé, mais le fait que cela continue à ne pas arriver n'a jamais empêché que cela *puisse* arriver. Chaque instant où ma mère n'était pas là était un instant où elle pouvait ne plus *jamais* être là.

La capacité à imaginer des catastrophes dans les plus horribles détails, à me représenter le métal déchiqueté et les éclats de verre blanc-bleu luisant sur la route a bien plus occupé mon esprit que la pensée rationnelle selon laquelle une telle catastrophe était improbable. Si Andrea ne répond pas au téléphone, je ne peux m'empêcher de penser qu'elle est tombée dans l'escalier, voire qu'elle a subi une combustion spontanée. Je m'inquiète de vexer des gens sans le vouloir. Je m'inquiète de ne pas avoir suffisamment conscience de mes privilèges. Je m'inquiète du sort des gens emprisonnés pour des crimes qu'ils n'ont pas commis. Je m'inquiète des violations des droits de l'homme. Je m'inquiète pour les préjugés, la politique, la pollution et le monde que nous laisserons à la génération de mes enfants. Je m'inquiète pour toutes les espèces qui disparaissent à cause de l'homme. Je m'inquiète pour mon empreinte carbone. Je m'inquiète pour toute la douleur du monde que je ne peux pas empêcher. Je m'inquiète car je suis trop absorbé par moi-même, ce qui me rend encore plus absorbé par moi-même.

Bien avant d'avoir des relations sexuelles, je n'avais aucun mal à imaginer avoir le sida, tellement les spots de sensibilisation télévisés du gouvernement britannique étaient efficaces dans les années 1980. Si je mange quelque chose qui a un goût un peu bizarre, j'imagine immédiatement que je serai hospitalisé pour intoxication alimentaire, bien que je n'aie souffert d'intoxication alimentaire qu'une seule fois dans ma vie.

Je ne peux pas me trouver dans un aéroport sans me sentir louche – et donc me comporter de manière louche.

Chaque nouvelle boule, chaque ulcère, chaque grain de beauté est un cancer potentiel. Chaque trou de mémoire est un Alzheimer précoce. Etc. Et ça, c'est quand je me sens plutôt bien. Quand je suis malade, mon catastrophisme part en surchauffe.

En fait, maintenant que j'y pense, c'est la principale caractéristique de mon angoisse. Imaginer sans arrêt comment *les choses pourraient être encore pires*. Je n'ai que tout récemment commencé à comprendre à quel point le monde se nourrit de cela. Que notre état d'esprit – que nous soyons réellement malades ou simplement *stressés* – est en partie le produit de notre état social. *Et inversement*. Je veux comprendre quelle partie de cette planète nerveuse *entre* en nous.

Il existe une différence abyssale entre se sentir un peu stressé et être réellement malade, mais de même que la faim et la famine, les deux sont liés car ce qui est mauvais pour l'un (le manque de nourriture) est aussi mauvais pour l'autre. Ainsi, quand je me sens bien – mais stressé –, les choses qui me font me sentir un peu moins bien sont souvent les mêmes qui me font me sentir *beaucoup* moins bien quand je suis malade. Ce que l'on apprend quand on est malade peut ensuite être appliqué aux autres périodes. La douleur est un sacré professeur.

Quelques inquiétudes en plus de celles du chapitre précédent (parce qu'il y a toujours plus d'inquiétudes)

– *Les informations.*

– *Le métro.* Dans le métro, j'imagine tout ce qui pourrait mal se passer. Le train pourrait rester bloqué dans le tunnel. Il pourrait y avoir un incendie. Il pourrait y avoir un attentat. Je pourrais avoir une crise cardiaque. Pour être honnête, j'ai un jour vécu une expérience terrifiante dans les transports. En sortant du métro parisien, je me suis trouvé dans un léger nuage urticant de gaz lacrymogène. En surface, la bataille faisait rage entre la police et des syndicalistes, et les policiers avaient lancé des lacrymos trop près de la station. Je l'ignorais alors. Sur le moment, le visage couvert par une écharpe pour respirer, j'ai cru à un attentat. Ce n'en était pas un. Mais le seul fait d'y croire a été un traumatisme. Comme disait Montaigne : « Qui craint de souffrir, il souffre déjà de ce qu'il craint. »

– *Le suicide.* Bien que j'aie été suicidaire dans ma jeunesse et que j'aie un jour failli me jeter d'une falaise, mon obsession pour le suicide est devenue une peur de le faire, plutôt qu'une envie de le faire.

– *Autres angoisses de santé.* Telles que: arrêt cardiaque soudain et total à cause d'une crise de panique (un événement ridiculement improbable) ; une dépression tellement écrasante que je ne pourrai plus jamais bouger et que je resterai bloqué pour toujours, comme si j'avais regardé le visage de Méduse; le cancer; les maladies cardiaques (j'ai un cholestérol élevé pour des raisons héréditaires) ; mourir trop jeune; mourir trop vieux; la mortalité en général.

– *Mon apparence.* Le mythe selon lequel les hommes ne s'inquiètent pas de leur apparence est dépassé. Je m'inquiète de mon apparence. Avant, j'achetais religieusement le magazine *Men's Health* et je suivais les exercices pour tenter de ressembler au mannequin de la couverture. Je m'inquiète pour mes cheveux – leur texture, leur perte potentielle. Je m'inquiétais pour mes grains de beauté. Je les fixais longuement dans le miroir, comme si je pouvais convaincre ce dernier de changer d'avis. Je m'inquiète toujours pour les rides de mon visage, mais je vais mieux. Paradoxalement, l'âge soigne l'inquiétude de vieillir.

– *La culpabilité.* Je me suis parfois senti coupable de ne pas être un fils parfait, un mari parfait, un citoyen parfait, un organisme humain parfait. Je me sens coupable quand je travaille trop – et que je néglige ma famille –, coupable quand je ne travaille pas assez. Cependant, cette culpabilité n'a pas toujours de cause. Parfois, c'est juste un sentiment.

– *L'inadaptation.* Je m'inquiète d'un manque, et de la manière de le combler. Je ressens souvent un vide métaphorique en moi que j'ai tenté de combler avec toutes sortes de choses au fil de ma vie – l'alcool, la fête, les tweets, les médicaments, les drogues, l'exercice physique, la nourriture, le travail, la popularité, les voyages, dépenser de l'argent, gagner de l'argent, être publié –, ce qui n'a bien sûr pas tout à fait fonctionné. Les choses que j'ai jetées dans le trou n'ont souvent fait que le creuser davantage.

– *Les armes nucléaires.* Si on parle d'armes nucléaires aux informations – ce qui se produit de plus en plus ces temps-ci –, je vois des champignons atomiques à chaque fenêtre. Les mots de l'ancien général américain Omar Nelson Bradley résonnent aujourd'hui d'un écho glaçant : « Notre monde est celui des géants nucléaires et des nains éthiques. Nous savons mieux tuer que nous ne savons vivre. »

– *Les robots.* Je ne plaisante qu'à moitié. Notre avenir robotique est une source d'inquiétude légitime. Je boycotte les caisses automatiques par solidarité humaine. Mais l'avantage, c'est que penser aux robots me fait considérer le passionnant mystère de la vie.

Cinq raisons d'être heureux que vous soyez un humain et non un robot sensible

1. William Shakespeare n'était pas un robot. Emily Dickinson n'était pas un robot. Ni Aristote. Ni Euclide. Ni Picasso. Ni Mary Shelley (bien qu'elle ait écrit sur les robots). Tous ceux que vous avez aimés ne sont pas des robots. Les humains sont extraordinaires envers les autres humains. Or nous sommes humains.

2. Nous sommes mystérieux. Nous ignorons pourquoi nous sommes là. Nous devons bâtir notre propre signification. Un robot est conçu pour une tâche, ou un ensemble de tâches. Nous sommes là depuis quatre mille générations et nous cherchons encore la réponse. Ce mystère est passionnant.

3. Vos ancêtres pas si lointains ont écrit des poèmes, combattu courageusement à la guerre, sont tombés amoureux, ont dansé et regardé des couchers de soleil avec mélancolie. Les ancêtres d'un futur robot sensible seront une caisse automatique et un aspirateur défectueux.

4. Cette liste ne compte en fait que quatre points. Juste pour tromper les robots. J'ai demandé à quelques amis en ligne pourquoi les humains valaient mieux que les robots. Ils m'ont

répondu toutes sortes de choses : « autodérision », « amour », « peau douce et orgasmes », « émerveillement », « empathie ». Peut-être un robot pourra-t-il un jour développer toutes ces choses, mais pour l'instant cela nous rappelle que les humains sont spéciaux.

Où se termine l'angoisse et où commence l'information ?

Tout ce catastrophisme est irrationnel, mais il a un pouvoir émotionnel. Les gens qui souffrent d'anxiété ne sont pas les seuls à le savoir.

Les publicitaires le savent.

Les assureurs le savent.

Les politiciens le savent.

Les éditorialistes le savent.

Les agitateurs politiques le savent.

Les terroristes le savent.

Le sexe n'est pas réellement ce qui fait vendre. Ce qui fait vendre, c'est la peur.

Maintenant, il ne nous suffit pas d'*imaginer* les pires catastrophes. Nous pouvons les voir. Littéralement. Le Smartphone fait de nous tous des journalistes. Quand quelque chose d'affreux se produit – un attentat, un feu de forêt, un tsunami –, il y a toujours des gens pour le filmer.

Nous avons toujours de quoi alimenter nos cauchemars. Nous ne recevons plus les informations, comme c'était le cas avant, d'un article de journal ou d'un reportage télévisé soigneusement réfléchi. Nous les recevons par les sites d'information, les réseaux sociaux, les alertes e-mails. En plus, les journaux télévisés ne sont plus ce qu'ils étaient. Des flashs info en continu. Plus les nouvelles sont terrifiantes, plus l'audience est élevée.

Cela ne signifie pas que tous les journalistes *souhaitent* des mauvaises nouvelles. C'est le cas de certains, à voir la manière clivante dont ils les présentent. Mais même les meilleures chaînes d'information veulent faire de l'audience. Au fil des ans, ils voient ce qui marche ou non et se battent pour attirer notre attention, ce qui explique pourquoi regarder les informations constitue une métaphore perpétuelle d'un syndrome d'angoisse généralisé. Les écrans partagés, les animateurs et les bannières déroulantes sont une représentation visuelle de l'anxiété. Tout ce bruit contradictoire, tout ce cinéma sensationnaliste. Regarder les informations peut nous stresser, même un jour où il ne se passe pas grand-chose. Or il n'existe plus de jours où il ne se passe pas grand-chose.

Quand un événement vraiment terrible se produit, le flot sans fin de témoins, de récits, de spéculations, d'images amateur n'aide pas. Beaucoup de sensations, peu d'information. Si vous avez l'impression que les informations exacerbent votre état, il faut ÉTEINDRE. Ne laissez pas la terreur entrer dans votre esprit. Rien de bon n'arrive quand on se sent paralysé, impuissant devant les informations en continu.

Celles-ci imitent inconsciemment le mode opératoire de la peur – se concentrer sur le pire, se laisser catastropher, écouter un flot incessant et répétitif d'interventions sur le même sujet angoissant. Aujourd'hui, il peut être difficile de distinguer où se termine votre syndrome d'anxiété et où commence la véritable information.

Rappelez-vous :

Il n'y a pas de honte à *ne pas regarder les informations.*

Il n'y a pas de honte à *ne pas aller sur Twitter.*

Il n'y a pas de honte à *se déconnecter.*

2

Le tableau d'ensemble

« Nous réalisons rarement, par exemple, que nos pensées et nos émotions les plus profondes ne sont pas réellement les nôtres. Car nous pensons à travers des langues et des images que nous n'avons pas inventées, mais qui nous ont été transmises par la société. »

Alan Watts, *The Culture of Counterculture : Edited transcripts*

La vie va vite

Certes, dans une perspective cosmique, l'histoire de l'humanité a été plutôt rapide.

Nous ne sommes pas là depuis longtemps. La planète a environ 4,6 milliards d'années. Notre espèce particulière, merveilleuse et problématique – *Homo sapiens* –, n'existe que depuis deux cent mille ans. C'est seulement au cours des cinquante mille dernières années que les choses se sont accélérées. Quand nous nous sommes mis à porter des vêtements en peau d'animaux. Quand nous avons commencé à enterrer nos morts de manière rituelle. Quand nos techniques de chasse ont évolué.

Les plus anciennes peintures rupestres connues sont probablement indonésiennes et datent de plus de quarante mille ans. À l'échelle du monde, c'est un battement de cils. Pourtant, l'art est plus ancien que l'agriculture. L'agriculture date d'hier.

Nous ne possédons des fermes que depuis dix mille ans. Et pour autant que nous sachions, l'écriture n'existe que depuis cinq mille minuscules années.

La civilisation, née en Mésopotamie (l'Irak et la Syrie actuelles), a moins de quatre mille ans. À partir de là, les choses se sont vraiment emballées. Le temps était venu d'attacher nos ceintures. L'argent. Le premier alphabet. Le premier système de notation musicale. Les pyramides. Le bouddhisme, l'hindouisme, le christianisme, l'islam et le sikhisme. La philosophie socratique. Le concept de démocratie. Le verre. L'épée. Les navires de guerre. Les canaux. Les routes. Les ponts. L'école. Le papier toilette. L'horloge. La boussole. La bombe. Les lunettes. Les mines. Les armes à feu. De meilleures armes à feu. Le journal. Le télescope. Le premier piano. La machine à coudre. La morphine. Le réfrigérateur. Le câble télégraphique transatlantique. Les batteries rechargeables. Le téléphone. La voiture. L'avion. Le stylo-bille. Le jazz. Les émissions de jeu télévisées. Le Coca-Cola. Le polyester. Les armes thermonucléaires. Les fusées vers la lune. Les ordinateurs personnels. Les jeux vidéo. Ces foutus e-mails. Internet. La nanotechnologie.

Woosh.

Mais, même au cours des quatre derniers millénaires, ce changement ne décrit pas une ligne droite et régulière. C'est le genre de courbe raide qui donnerait le vertige à un skateur professionnel. Le changement est peut-être constant, mais pas son rythme.

Comment rester humain dans un monde de changement ?

Les thérapeutes identifient les changements intenses dans notre vie comme un élément déclencheur important de problèmes psychologiques. Le changement est souvent lié à la peur. Déménager, perdre son travail, se marier, une augmentation ou une diminution de revenu, un décès dans la famille, un problème de santé, avoir quarante ans, peu importe. Parfois, cela ne fait aucune différence si le changement est extérieurement « bon » – avoir un enfant, recevoir une promotion. C'est l'intensité du changement qui peut constituer un choc pour le système.

Mais que se passe-t-il quand le changement n'est pas seulement personnel ?

Que se passe-t-il quand le changement affecte tout le monde ?

Que se passe-t-il quand des sociétés entières – voire toute une population humaine – traversent une période de profond changement ?

Que se passe-t-il alors ?

Ces questions partent d'un présupposé.

Celui que le monde change. Mais comment change le monde ?

Le principal changement, le plus mesurable, est technologique.

Certes, il existe d'autres changements – sociaux, politiques, économiques, environnementaux –, mais tous sont liés à la technologie, qui les détermine. Commençons donc par là.

L'espèce humaine a toujours été façonnée par la technologie. Elle conditionne tout.

Dans son sens le plus étendu, la technologie signifie simplement des outils et des méthodes. Cela peut désigner le langage, du silex ou des bâtons secs pour faire du feu. Selon de nombreux anthropologues, le progrès technologique est le premier facteur d'évolution de la société humaine.

Des inventions telles que le feu fabriqué par l'homme, la roue, la charrue ou l'imprimerie ne sont pas seulement importantes par leur utilité immédiate, mais en raison de l'impact qu'elles ont eu sur le développement de la société.

Au XIXe siècle, l'anthropologue américain Lewis H. Morgan affirmait que certaines inventions technologiques pouvaient ouvrir la voie à de nouvelles ères de l'humanité. Il voyait trois phases d'évolution sociale – la sauvagerie, la barbarie et la civilisation –, chacune menant à l'autre grâce à des bonds technologiques. Cette théorie semble un peu fumeuse aujourd'hui, car elle implique une amélioration morale de plus en plus incertaine du « sauvage » vers le « civilisé ».

D'autres experts avancent des points de vue différents.

Dans les années 1960, un astrophysicien russe chasseur d'extraterrestres du nom de Nikolaï Kardachev estimait que la meilleure manière de mesurer le progrès était de le faire en termes d'*informations*. Au début, nous ne possédions guère plus que les informations contenues dans nos gènes. Ensuite sont arrivés le langage, l'écriture, les livres, enfin la *technologie de l'information*.

De nos jours, sociologues et anthropologues s'accordent à dire que nous nous dirigeons vers une société postindustrielle, et que le changement se fait plus rapidement que jamais.

Mais à quelle vitesse, exactement?

Selon la loi de Moore – énoncée par le cofondateur d'Intel, Gordon Moore –, la puissance de calcul des ordinateurs double chaque année. Cette augmentation exponentielle explique pourquoi votre petit Smartphone est bien plus puissant que les ordinateurs géants qui occupaient une pièce entière dans les années 1960.

Cette rapide augmentation de puissance ne se limite pas aux puces électroniques. Elle s'applique à toute la technologie, du nombre d'octets stockés à la bande passante d'Internet. Cela signifie que la technologie ne se contente pas d'évoluer – cette évolution *s'accélère*. Le progrès entraîne le progrès.

Les ordinateurs permettent aujourd'hui de construire des ordinateurs avec de moins en moins d'intervention humaine. Beaucoup ont commencé à redouter – ou à espérer – la « singularité ». Un rêve ou un cauchemar enfiévré. La singularité est le point à partir duquel l'intelligence artificielle devient plus intelligente que le plus cérébral des humains. À partir de là, selon votre ratio personnel optimisme-pessimisme, soit nous ne ferons qu'un avec cette technologie et évoluerons avec elle pour devenir d'heureux cyborgs immortels, soit nos robots sensibles, nos ordinateurs et nos grille-pain prendront le pouvoir et nous serons leurs animaux de compagnie, leurs esclaves ou leur repas.

Qui sait?

En tout cas, nous allons dans l'une de ces deux directions. Selon l'informaticien et futuriste de renommée internationale Ray Kurzweil, la singularité est proche. Pour insister sur ce point, il a même écrit un best-seller précisément intitulé *The Singularity is Near*[1].

À l'aube du XXIe siècle, il affirmait que «nous ne connaîtrons pas 100 ans de progrès au XXIe siècle – au rythme actuel, ce sera plutôt 20 000 ans de progrès». Kurzweil n'est pas un excentrique dopé aux films de science-fiction. Ses prédictions tendent à se réaliser. Par exemple, en 1990, il avait annoncé qu'un ordinateur vaincrait un champion d'échecs avant 1998. Les gens se sont moqués de lui. Mais en 1997, le plus grand joueur d'échecs au monde – Garry Kasparov – a perdu face à l'ordinateur Deep Blue d'IBM.

Pensez à ce qui s'est passé au cours des deux premières décennies de ce siècle. Songez à quelle vitesse la normalité a changé.

Internet a pris le contrôle de nos vies. Nous sommes toujours plus attachés à des Smartphones toujours plus malins. Les génomes humains peuvent être séquencés par milliers à l'aide de machines.

Les caisses automatiques sont devenues la nouvelle norme. Les voitures sans conducteur sont passées du statut de prophétie lointaine à une possibilité tellement réelle que les chauffeurs de taxi craignent pour leur emploi.

Pensez-y. En l'an 2000, personne ne savait ce qu'était un selfie. Google existait tout juste, mais il était loin de faire partie

1. Traduit en français sous le titre *Humanité 2.0* par Adeline Mesmin (Paris, M21, 2007).

du langage courant. Il n'y avait ni YouTube, ni vlogging, ni Wikipédia, ni WhatsApp, ni Snapchat, ni Skype, ni Spotify, ni Siri, ni Facebook, ni bitcoins, ni gifs tweetés, ni Netflix, ni iPads, ni « lol », ni ICYMI, ni emojis, presque personne n'avait de GPS, on regardait généralement des photos dans des *albums*, et le nuage se contentait de produire de la pluie. En écrivant ce paragraphe, je pressens à quelle vitesse il deviendra obsolète. Dans quelques années, cette liste contiendra des omissions embarrassantes – tant de marques et d'inventions technologiques qui ne sont pas encore arrivées. Pensez-y. Pensez à la façon dont la technologie devient honteusement caduque en quelques années. Pensez au fax, aux anciens portables, aux CD, aux modems par ligne téléphonique, aux Betamax et aux VHS, aux premiers e-readers, à GeoCities ou au moteur de recherche AltaVista.

Quoi que vous ou moi pensions de la perspective de la singularité, il ne fait aucun doute que : a) nos vies deviennent de plus en plus technologiques ; et b) notre technologie se transforme à une vitesse sans cesse croissante.

De même que la technologie a toujours été à l'origine du changement social, le rythme effréné du changement technologique entraîne d'autres changements. Nous nous dirigeons vers de nombreuses singularités alternatives. De nombreux points de non-retour. Peut-être en avons-nous déjà franchi sans nous en apercevoir.

Quelques manières dont le monde change – pas forcément pour le mieux

Le monde a peut-être progressé rapidement dans quelques domaines, mais la vitesse de ce changement ne nous rend pas particulièrement calmes. Certains changements, notamment ceux alimentés par la technologie, ont été plus rapides que d'autres. Par exemple :

– *La politique.* La polarisation de la droite et de la gauche est en partie alimentée par la caisse de résonance des réseaux sociaux, sorte d'arène de gladiateurs où le compromis, le moyen terme et la vérité objective semblent être des concepts démodés. Un monde où, selon les termes de la sociologue américaine Sherry Turkle, « nous en attendons davantage de la technologie que des autres ». Où nous avons besoin de nous partager pour être nous-mêmes. Ce changement a eu des aspects positifs. De nobles causes – dont la prise de conscience des maladies mentales – ont gagné en visibilité grâce à la nature virale d'Internet. Mais bien entendu, tout n'est pas rose. La diffusion de fausses informations sur les réseaux sociaux, les manœuvres politiques de robots sur Twitter et une violation massive de la vie privée ont déjà façonné et orienté la politique dans des directions aussi étranges qu'irréversibles.

– *Le travail.* Les robots et les ordinateurs prennent le travail des gens. Les employeurs prennent le week-end de leurs employés. Le travail devient un processus déshumanisant, comme si les humains existaient pour servir le travail et non le contraire.

– *Les réseaux sociaux.* La socialisation des réseaux a rapidement envahi nos vies. Pour ceux d'entre nous qui les utilisent, nos pages Facebook, Twitter et Instagram sont des magazines de nous-mêmes. Est-ce vraiment sain ? Nous assistons à des violations éthiques de plus en plus fréquentes, comme la collecte illégale par Cambridge Analytica de millions de profils psychologiques par le biais de Facebook et l'usage qu'en a fait cette entreprise pour influencer les résultats électoraux. Il existe aussi de réelles préoccupations psychologiques. Se mettre constamment en scène, se marketer, comme des patates qui se font passer pour des chips. Voir constamment tout le monde sous son meilleur jour, en train de s'amuser quand ce n'est pas notre cas.

– *La langue.* La langue anglaise change plus vite que jamais dans son histoire, selon une recherche menée par l'University College de Londres. L'augmentation de l'usage du langage texto, des initiales, des acronymes, d'emojis ou de gifs animés pour aider la communication montre à quel point l'avancée de la technologie influence le langage (songez que, il y a plusieurs siècles, l'imprimerie a mené à la standardisation de l'orthographe et de la grammaire). Il ne s'agit pas seulement de ce que disent les gens, mais de la manière dont ils le disent. Des millions de personnes ont aujourd'hui plus de conversations par texte interposé que de vive voix. Ce changement sans précédent s'est produit en l'espace d'une seule génération. Ce n'est pas nécessairement une *mauvaise* chose, mais c'est en tout cas une *chose.*

– *L'environnement.* Certains changements sont clairement négatifs. Franchement, horriblement *mauvais.* Les changements qu'a subis l'environnement de notre planète sont si graves que certains scientifiques ont avancé l'idée que nous – ou notre planète – sommes entrés dans une phase fondamentalement nouvelle. En 2016, lors du Congrès international de géologie au Cap, d'influents chercheurs ont décrété que nous quittions l'époque de l'holocène – marquée par douze mille ans de climat stable depuis l'âge de glace – pour entrer dans l'anthropocène, ou le « nouvel âge de l'humain ». L'accélération massive des émissions de dioxyde de carbone, la hausse du niveau de la mer, la pollution de nos océans, l'augmentation du plastique (dont la production a été multipliée par vingt depuis les années 1960, selon le Forum économique mondial), l'extinction rapide des espèces, la déforestation, l'agriculture et la pêche industrielles, le développement urbain signifient pour ces scientifiques que nous entrons dans une nouvelle ère du temps terrestre. En gros, la vie moderne tue lentement la planète. Il est peu étonnant que des sociétés aussi toxiques puissent nous faire du mal, à nous aussi.

Futur à flux tendu

Quand le progrès arrive vite, le présent peut ressembler à un perpétuel futur. Quand nous regardons la vidéo virale d'un robot exécutant un saut périlleux arrière, on a l'impression que la réalité est devenue science-fiction.

Nous sommes encouragés à désirer cet état de fait. « Embrasser » l'avenir, « lâcher prise » sur le passé. Le principe de la consommation est que nous voulions le *prochain objet* plutôt que celui que *nous avons maintenant*. La recette parfaite du malheur.

On ne nous encourage pas à vivre dans le présent. On nous entraîne à vivre ailleurs : dans l'avenir. On nous envoie à la maternelle, *pre-school* en anglais, comme pour nous avertir de ce qui va nous arriver. La vraie école. Là, dès un âge toujours plus précoce, on nous encourage à travailler dur pour réussir des tests. Ces tests deviennent de vrais examens, dont nous savons qu'ils dicteront des événements futurs importants, par exemple si nous poursuivrons nos études ou si nous commencerons à travailler à l'âge de seize ou dix-huit ans. Même si nous allons à l'université, cela ne s'arrête pas là. Il y aura encore des examens, des tests, des décisions importantes. D'autres *Où vous voyez-vous dans cinq ans ? Quelle carrière envisagez-vous ? Réfléchissez bien à votre avenir. Ça paiera sur le long terme.*

Tout au long de notre éducation, on nous apprend une sorte de pleine conscience à l'envers. Une sorte de cursus futur où – sous prétexte de mathématiques, de littérature, d'histoire, d'informatique ou de français – on nous apprend à penser un temps différent de celui où nous sommes. Le temps des examens. Le temps du travail. Le temps de quand-on-sera-grands.

Considérer l'apprentissage comme quelque chose qui ne se suffit pas à lui-même mais pour ce qu'il vous permettra d'*obtenir* réduit le miracle de l'humanité. Nous sommes des animaux pensants, sensibles, artistiques, assoiffés de connaissance, merveilleux, qui comprenons notre monde et nous comprenons nous-mêmes à travers l'apprentissage. C'est une fin en soi. L'apprentissage a bien plus à nous offrir que ce que nous pouvons écrire sur des formulaires d'inscription. C'est une manière d'aimer vivre le présent.

Je me rends compte à quel point certaines de mes aspirations étaient erronées. À quel point je me suis exclu du présent et j'ai toujours voulu *plus* que ce que j'avais devant moi. Je dois trouver un moyen de rester immobile, dans le présent. Comme disait ma grand-mère, *Contente-toi de ce que tu as.*

But

Tu seras heureux quand tu auras de bonnes notes.

Tu seras heureux quand tu iras à l'université. Tu seras heureux quand tu iras dans la *bonne* université. Tu seras heureux quand tu auras un travail. Tu seras heureux quand tu auras une augmentation. Tu seras heureux quand tu auras une promotion. Tu seras heureux quand tu pourras travailler à ton compte. Tu seras heureux quand tu seras riche. Tu seras heureux quand tu posséderas une oliveraie en Sardaigne.

Tu seras heureux quand quelqu'un te regardera *comme ça.* Tu seras heureux quand tu seras en couple. Tu seras heureux quand tu te marieras. Tu seras heureux quand tu auras des enfants. Tu seras heureux quand tes enfants seront exactement ce que tu veux qu'ils soient.

Tu seras heureux quand tu partiras de chez toi. Tu seras heureux quand tu achèteras une maison. Tu seras heureux quand tu auras remboursé ton crédit. Tu seras heureux quand tu auras un plus grand jardin. À la campagne. Avec de gentils voisins qui t'invitent à leur barbecue les dimanches ensoleillés de juillet, tandis que vos enfants jouent ensemble dans la brise tiède.

Tu seras heureux de chanter. Tu seras heureux quand tu chanteras devant un public. Tu seras heureux quand ton premier album qui t'a valu le Grammy Award sera numéro un dans trente-deux pays, y compris la Lettonie.

Tu seras heureux quand tu écriras. Tu seras heureux quand tu seras publié. Tu seras heureux quand tu seras *de nouveau* publié. Tu seras heureux quand tu auras écris un best-seller. Tu seras heureux quand ton best-seller sera numéro un des ventes. Tu seras heureux quand on fera un film de ton livre. Tu seras heureux quand on fera un *super* film de ton livre. Tu seras heureux quand tu seras J. K. Rowling.

Tu seras heureux quand les gens t'aimeront. Tu seras heureux quand *davantage* de gens t'aimeront. Tu seras heureux quand *tout le monde* t'aimera. Tu seras heureux quand les gens *rêveront* de toi.

Tu seras heureux quand tu seras beau. Tu seras heureux quand on se retournera à ton passage. Tu seras heureux avec une peau plus douce. Tu seras heureux avec un ventre plat. Tu seras heureux avec une tablette de chocolat. Tu seras heureux avec une tablette de chocolat plus dure. Tu seras heureux quand toutes tes photos auront dix mille *like* sur Instagram.

Tu seras heureux quand tu auras transcendé les souffrances terrestres. Tu seras heureux quand tu ne feras qu'un avec l'univers. Tu seras heureux quand tu seras l'univers. Tu seras heureux quand tu seras un dieu. Tu seras heureux quand tu seras le dieu suprême. Tu seras heureux quand tu seras Zeus. Dans les nuages au-dessus du mont Olympe, à commander le ciel.

Peut-être. Peut-être.

Peut-être.

Peut-être

Peut-être le bonheur ne nous concerne-t-il pas nous, individus. Peut-être n'est-ce pas quelque chose qui arrive *vers* nous. Peut-être ressent-on du bonheur en sortant, pas en entrant. Peut-être le bonheur n'est-il pas ce qu'on mérite *parce qu'on le vaut*. Peut-être le bonheur n'a-t-il rien à voir avec ce qu'on peut *obtenir*. Peut-être le bonheur a-t-il à voir avec ce que nous *avons* déjà. Peut-être le bonheur a-t-il à voir avec ce que nous pouvons *donner*. Peut-être le bonheur n'est-il pas un papillon qu'on peut attraper avec un filet. Peut-être n'existe-t-il aucun moyen certain d'être heureux. Peut-être n'y a-t-il que des peut-être. Si, comme l'a dit Emily Dickinson, « Toujours est composé de Maintenants », peut-être les maintenants sont-ils faits de peut-être. Peut-être le but de la vie est-il de renoncer à la certitude et d'embrasser la magnifique incertitude de la vie.

3
Un sentiment n'est pas votre visage

« C'est tellement bizarre, que des jeunes regardent des images distordues de ce qu'ils devraient être. »

Daisy Ridley, pour expliquer
son départ d'Instagram

Beautés malheureuses

Jamais dans l'histoire de l'humanité tant de produits et de services n'ont été disponibles pour nous donner l'air plus jeune et plus attirant.

Crèmes de jour, crèmes de nuit, crèmes pour le cou, crèmes pour les mains, exfoliants, autobronzants, mascaras, sérums anti-âge, crèmes anticellulite, masques pour le visage, correcteurs, crèmes à raser, rasoirs, fonds de teint, rouges à lèvres, kits d'épilation, huiles revitalisantes, correcteurs de pores, eye-liners, Botox, manucures, pédicures, microdermabrasion (un curieux mélange entre l'exfoliation moderne et une torture médiévale, d'après son nom), bains de boue, bains d'algues et chirurgie plastique totale. Il existe des machines pour éliminer les poils du visage, les poils du nez, les poils pubiens (des « toiletteurs corporels »). Vous pouvez même vous faire blanchir l'anus si l'envie vous en prend. (Le « blanchissement intime » est un secteur florissant.)

À l'ère des blogs de beauté, des vloggers maquillage et des instructeurs de gym en ligne, jamais il n'y a eu une telle pléthore de conseils pour être beau. Nous sommes bombardés de livres de régimes, d'inscriptions dans des salles de sport, d'exercices « abdos de rêve » ou « héros de film d'action », de vidéos de « yoga facial » disponibles sur YouTube. Il existe toujours plus d'applications et de filtres pour améliorer ce que les produits ne peuvent pas changer. Si nous le désirons, nous pouvons devenir nos propres aspirations irréalistes et creuser un fossé toujours plus large entre ce que nous voyons dans le miroir et ce que nous pouvons modifier numériquement. Les femmes – et de plus en plus les hommes – en font toujours davantage pour améliorer leur apparence.

Pourtant, malgré toutes nos méthodes et nos trucs modernes pour être plus beaux, beaucoup d'entre nous ne sont toujours pas satisfaits de leur apparence. La plus grande étude mondiale sur le sujet, menée par le groupe de recherche GfK et publiée dans le magazine *Time* en 2015, révèle que des millions de personnes ne sont pas satisfaites de leur apparence. Au Japon, par exemple, 38 % des gens sont très mécontents de leur aspect physique. Le plus intéressant dans ce sondage est qu'il fait apparaître que notre satisfaction par rapport à notre physique dépend bien plus du pays où nous vivons que, par exemple, de notre sexe. Dans le monde entier, le niveau de préoccupation lié à l'apparence tend à être aussi haut chez les hommes que chez les femmes.

Si vous êtes turc ou mexicain, vous avez plus de chances d'aimer ce que vous voyez dans le miroir. Dans ces pays, plus de 70 % de la population est « très satisfaite » ou « plutôt satisfaite » de son apparence. Les habitants du Japon, de la Grande-Bretagne, de la Russie et de la Corée du Sud ont bien plus de chances d'être insatisfaits.

Pourquoi tant de gens – à l'exception des Turcs et des Mexicains – n'aiment-ils pas leur apparence ? Voici plusieurs raisons :

1. Bien que nous ayons plus que jamais les moyens de nous faire beaux, nous relevons sans cesse la barre de nos exigences.

2. Nous sommes intensément bombardés d'images de personnes à la beauté conventionnelle. Pas seulement à travers la télé, le cinéma et les affiches publicitaires, mais sur les réseaux sociaux, où chacun présente au monde son meilleur profil retouché.

3. À mesure que les gens deviennent de plus en plus névrosés, les inquiétudes liées à l'apparence augmentent. Selon les auteurs d'une autre enquête (commandée par le Centre national américain pour l'information biotechnologique en 2017), les gens insatisfaits de leur apparence étaient décrits comme « plus névrosés, sujets à des attachements plus anxieux et plus craintifs, et passant davantage d'heures à regarder la télévision ».

4. Notre apparence est présentée comme un problème que nous pouvons résoudre en dépensant de l'argent (en cosmétiques, en magazines de fitness, en nourriture équilibrée, en salles de sport, etc.). Mais ce n'est pas vrai. Atteindre une beauté conventionnelle ne nous rassure pas sur notre apparence. Il y a autant de gens beaux au Japon et en Russie qu'au Mexique ou en Turquie. Et bien sûr, beaucoup de personnes très belles – par exemple les mannequins – s'inquiètent davantage de leur apparence que des gens qui ne gagnent pas leur vie en défilant sur des planches.

5. Nous ne sommes toujours pas immortels. Tous les produits qui visent à nous rendre plus jeunes, plus brillants, moins mortels ne règlent pas le problème de fond. Ils ne peuvent pas réellement nous rajeunir. Clarins et Clinique ont beau produire

des tonnes de crèmes anti-âge, leurs utilisateurs continueront tout de même à vieillir. Seulement – en partie à cause de campagnes publicitaires à plusieurs millions de dollars ciblées sur ceux d'entre nous qui ont honte de leurs rides, de leurs plis et de leur vieillesse – ils s'en soucient davantage. La poursuite de la jeunesse augmente la peur de vieillir. Si nous acceptions de vieillir, si nous acceptions nos rides et celles des autres, peut-être les publicitaires auraient-ils moins de peurs à exploiter.

L'insécurité n'a rien à voir avec votre visage

Avant, j'étais le plus grand de mon école, maigre comme un clou. Je m'empiffrais et buvais de la bière pour grossir. Je comprends aujourd'hui que je souffrais sans doute d'une légère dysmorphie. Je n'étais pas bien dans ma peau. Ni *avec* ma peau. Je faisais des séries de cinquante pompes, en grimaçant de douleur, pour tenter de ressembler à Jean-Claude Van Damme. Mon corps ne me déplaisait pas, je le *détestais* activement. Une honte physique intense dont les gens imaginent parfois que seules les filles l'éprouvent. J'aimerais revenir en arrière et me dire *Arrête. Ça n'a aucune importance. Détends-toi.*

Je détestais tant un grain de beauté sur mon visage que, adolescent, j'ai un jour essayé de l'effacer avec une brosse à dents. Mais le problème n'était pas le grain de beauté. Le problème était que je voyais mon visage à travers le prisme de mon insécurité. Aujourd'hui, j'aime ce grain de beauté. J'ignore complètement pourquoi il me dérangeait tant, pourquoi je le fixais dans le miroir en souhaitant qu'il disparaisse.

Comme le dit Hamlet à Rosencrantz, « rien n'est bon ni mauvais en soi, tout dépend de ce que l'on en pense ». Il parlait du Danemark. Mais cela s'applique aussi à notre apparence. On nous encourage peut-être à nous sentir inadaptés, mais nous n'y sommes pas obligés, pour peu que nous comprenions que le *sentiment* est différent de la *chose* qui nous inquiète. Ainsi, on parle beaucoup des dangers de l'obésité, mais bien moins d'autres problèmes liés à notre physique. Si nous sommes mécontents de notre apparence, il faut parfois se préoccuper de ce sentiment et non de notre corps.

Pendant toute sa carrière, la professeure Pamela Keel, de l'université de Floride, a étudié les troubles de l'alimentation et les questions d'image de soi chez les hommes et chez les femmes. Elle affirme que changer notre apparence ne réglera jamais notre mécontentement lié à notre physique. « Qu'est-ce qui peut réellement vous rendre plus heureux, en meilleure santé ? » s'interrogeait-elle début 2018, alors qu'elle présentait le résultat de ses dernières recherches. « Perdre cinq kilos ou vous débarrasser d'habitudes néfastes pour votre corps ? » Quand les gens ressentent moins de pression quant à leur apparence, leur esprit s'en porte mieux, mais aussi leur corps. « Quand on se sent bien dans son corps, on prend davantage soin de soi, au lieu de traiter son corps comme un ennemi ou, pire, un objet. Voilà une bonne raison de revoir le genre de bonnes résolutions que nous prenons. »

Cela expliquerait pourquoi le taux d'obésité grimpe dangereusement. Si nous étions heureux dans notre corps, nous le traiterions plus gentiment.

De même que s'inquiéter pour l'argent peut paradoxalement pousser à des dépenses compulsives, nous inquiéter pour notre physique ne garantit pas que nous aurons un meilleur corps.

L'injonction d'être beau, de manger « sain », de penser à des choses comme le *thigh gap*, d'avoir un corps « prêt pour la plage » s'adresse traditionnellement aux femmes, que les publicitaires ciblent en priorité. Aujourd'hui, bien qu'un nombre croissant d'hommes ressentent la nécessité de se forger une apparence qui n'est pas naturelle pour eux, des corps sculptés par la gym, d'avoir honte de leurs défauts physiques, d'être à leur avantage sur les selfies, de craindre que leurs cheveux tombent ou deviennent gris, la pression pour que les femmes se préoccupent de leur apparence n'a jamais été aussi forte. Au lieu de réduire l'anxiété des femmes liée à leur apparence, nous augmentons celle des hommes. Dans certains domaines, au nom d'une idée tordue de l'égalité, nous essayons de rendre tout le monde également anxieux, non également libre.

Il y a peu, j'ai vu que quelqu'un avait retweeté un article du *New York Post* intitulé « Les poupées sexuelles masculines avec des pénis bioniques seront là avant 2019 ». Une photo accompagnait l'article : des mannequins glabres, au corps impossiblement tonique, avec des cheveux qui ne tomberont jamais et un pénis qui se dresse à tous les coups. Fatalement, des robots sexuels bioniques féminins sont aussi mis au point, avec davantage de zèle encore. Vouloir ressembler à un mannequin photoshopé sur la couverture d'un magazine est une chose. La prochaine étape consistera-t-elle à vouloir être aussi fade et parfait qu'un androïde ou un robot ? Autant essayer d'attraper un arc-en-ciel.

« Dans la nature, rien n'est parfait et tout est parfait, écrivait Alice Walker. Les arbres peuvent être tordus, bizarrement contorsionnés, mais ils sont beaux. » Nos corps ne seront jamais aussi fermes, symétriques et sans âge que ceux de robots sexuels bioniques. Nous devons donc rapidement apprendre à être heureux de ne pas posséder la version irréaliste que nous donne la société d'un corps « idéal », à être un peu plus heureux d'avoir *notre* corps, tel qu'il est, ne serait-ce que parce que ne pas être satisfait de notre corps ne nous rend pas plus beau. Nous nous sentons seulement beaucoup moins bien. Nous valons infiniment mieux que le plus parfait des robots sexuels bioniques. Nous sommes humains. N'ayons pas peur d'avoir l'air humain.

Un mot de la plage

Bonjour.
Je suis la plage.
J'ai été créée par les vagues et les courants.
Je suis composée de pierres érodées.
J'existe au bord de la mer.
Je suis là depuis des millions d'années.
J'étais là dès l'aube de la vie.
Et j'ai quelque chose à vous dire.

Je me moque de votre corps.

Je suis une plage.
Je n'en ai littéralement rien à foutre.
Je suis entièrement étrangère à votre indice de masse corporelle.
Je ne suis pas impressionnée si vos muscles abdominaux sont visibles à l'œil nu.
Je suis inconsciente.
Vous êtes une génération d'êtres humains parmi deux cent mille.

Je les ai toutes vues.

Je verrai aussi toutes celles qui viendront après vous.

Il n'y en aura pas autant, désolée.

J'entends les murmures de la mer.

(La mer vous déteste. Les *empoisonneurs*. Voilà comment elle vous appelle. Un peu mélodramatique, je sais. Mais elle est comme ça, la mer.)

J'ai autre chose à vous dire.

Même les autres personnes sur la plage n'ont rien à faire de votre corps.

Vraiment.

Elles regardent la mer, ou bien elles sont obsédées par *leur propre* apparence.

Et si elles pensent à vous, qu'est-ce que ça peut vous faire ? Pourquoi les humains s'inquiètent-ils tant de l'opinion d'un inconnu ?

Pourquoi ne pas faire comme moi ? Laissez couler. Autorisez-vous à être *comme vous êtes.*

Soyez.

Plagez.

Comment ne plus craindre l'âge

1. Comprenez que les personnes âgées ne s'inquiètent pas particulièrement de la vieillesse, comme l'affirment de nombreux sondages. Le plus récent que j'aie trouvé a été mené par l'institut de recherche américain NORC, en 2016. Sur un échantillon de trois mille adultes, il révèle que les personnes âgées sont plus optimistes quant au vieillissement que les jeunes adultes : 46 % des trentenaires affirmaient être optimistes à ce sujet, contre 66 % des plus de soixante-dix ans. Apparemment, craindre de vieillir est un signe de jeunesse. La principale raison d'envisager la vieillesse avec optimisme est que les personnes âgées le font. La résilience semble augmenter.

2. Ça arrive. On ne peut rien faire contre l'âge. On peut manger sain, faire de l'exercice, vivre raisonnablement, mais nous *vieillissons*. Notre quatre-vingtième anniversaire aura lieu le même jour. Certes, nous pouvons faire en sorte d'avoir plus de chances de vivre jusqu'à quatre-vingts ans, mais nous ne pouvons pas arrêter le temps. En réalité, cette certitude est rassurante. Quand il n'y a rien à faire, pas la peine de s'inquiéter. « Tout le monde meurt, écrit Nora Ephron. Nous n'y pouvons

rien. Que vous mangiez ou non cinq fruits et légumes par jour. »

3. Les problèmes que vous associez à la vieillesse ne seront peut-être pas les vôtres. Vous n'êtes pas Nostradamus. Vous ne savez pas comment vous serez quand vous aurez soixante-dix ans. Par exemple, vous ignorez si votre esprit déclinera ou s'il sera toujours plus vif, comme Matisse, qui a produit certaines de ses meilleures œuvres à quatre-vingts ans passés.

4. Le futur n'est pas réel. L'avenir est abstrait. Le présent est tout ce que nous savons. Un maintenant après l'autre. Nous devons vivre dans le présent. Il existe des milliards de versions différentes de vous vieux. Il n'y en a qu'une de vous maintenant. Concentrez-vous dessus.

5. Vous regretterez votre peur. Dans *Les 5 regrets des personnes en fin de vie*, Bronnie Ware – une infirmière qui a travaillé en soins palliatifs – partage ses conversations avec ceux qui arrivent en fin de vie. Le plus grand regret est, de loin, la *peur*. Nombre de patients de Bronnie étaient profondément angoissés car ils avaient passé leur vie à s'inquiéter. Des vies consumées par la peur. À s'inquiéter de ce que les autres pensaient d'eux. Une crainte qui les empêchait d'être eux-mêmes.

6. Acceptez, ne résistez pas. Se débarrasser de l'angoisse de vieillir permet peut-être de se débarrasser de toute angoisse. En *acceptant*, pas en *niant*. Ne luttez pas, éprouvez. Ne vous injectez pas de Botox. Faites plutôt de la chirurgie mentale. Revoyez votre idée de beauté. Soyez rebelle au marketing. Désirez devenir un vieux sage. Ayez l'élégance complexe d'une bougie fondue. Soyez une carte aux dix mille routes. Soyez l'orange du coucher de soleil qui surpasse le rose de l'aube. Ayez l'audace d'être vous-même.

4
Notes sur le temps

La peur et le temps

« La seule chose dont il faut avoir peur, c'est la peur elle-même. » Cette phrase, prononcée par Franklin D. Roosevelt en 1932 dans son premier discours de président, est sans doute celle à laquelle j'ai réfléchi le plus souvent dans ma vie. Durant la première période où j'ai souffert de crises de panique, elle me hantait. La peur se suffit à elle-même, pensais-je. J'avais également ces mots à l'esprit en écrivant ce livre. De même que « le temps guérit » et tous les meilleurs clichés, cette expression en est devenue un pour une bonne raison – elle a la force de la vérité.

Quand je pense à mes propres peurs, la plupart ont un rapport avec le temps. J'ai peur de vieillir. J'ai peur que mes enfants vieillissent. Je m'inquiète pour l'avenir. J'ai peur de perdre des gens. J'ai peur d'être en retard dans mon travail. Alors même que j'écris, j'ai peur de dépasser la date limite. Je m'inquiète pour le temps que j'ai perdu bêtement. Le temps mal employé. Au fil de mes recherches, je me suis demandé si notre concept de temps est lui-même temporel. Notre attitude envers le temps a-t-elle changé ? Pour se libérer de la peur, faut-il arriver à une nouvelle relation avec le tic-tac des minutes, des heures, des ans ? J'ai l'impression que pour comprendre comment mon esprit – et peut-être le vôtre – réagit au monde moderne, je dois m'interroger sur le temps lui-même.

Arrêter les montres

Nous n'avons pas toujours eu de montres. Pendant la plus grande partie de l'histoire humaine, le concept de, mettons, « cinq heures moins le quart » ou « quatre heures quarante-cinq » n'aurait pas eu de sens.

Personne n'a jamais découvert une peinture rupestre du néolithique représentant quelqu'un se réveillant stressé parce qu'il n'a pas entendu son réveil et a raté sa réunion de 9 heures. Autrefois, on ne connaissait que deux temps. Le jour et la nuit. La lumière et l'obscurité. Éveillé, endormi. Bien sûr, il existait d'autres temps. Le temps pour manger, le temps pour chasser, le temps pour se battre, le temps pour se détendre, le temps pour jouer, le temps pour embrasser, mais ces temps n'étaient pas artificiellement dictés par des horloges, leurs chiffres, leurs compartiments sans fin.

Les premières méthodes pour mesurer le temps maintenaient toujours cette dualité sacrée. Après tout, quand les Égyptiens anciens regardaient l'ombre de leurs obélisques, ou quand les Romains regardaient leurs cadrans solaires, c'était forcément pendant la journée. Même quand les premières horloges mécaniques sont apparues en Europe au début du XIVᵉ siècle, par exemple sur les églises, il s'agissait d'outils rudimentaires. Elles n'indiquaient généralement pas les minutes et on ne pouvait pas les voir de toutes les fenêtres.

Les montres de poche sont apparues au cours du XVIᵉ siècle et, comme tant d'objets de consommation, étaient à l'origine un symbole de statut social – une nouveauté pour la noblesse. À l'époque, une montre de poche coûtait environ quinze livres, soit plus que ce que gagnait un paysan en un an. Tout cela pour une montre qui n'indiquait même pas les minutes. Cependant, c'est bien la montre de poche qui semble avoir poussé un peu plus les gens à s'inquiéter du temps. Ou, du moins, de *regarder* l'heure.

Quand le chroniqueur Samuel Pepys s'offrit une montre de poche – « un fort bel objet » – à Londres en 1665, il s'aperçut rapidement – comme tant d'utilisateurs actuels d'Internet – qu'avoir accès à l'information vous offre une liberté aux dépens d'une autre. Le 13 mai, il écrivait dans son journal :

« Grand Dieu ! Suis-je donc à ce point sujet à mes enfantillages et caprices d'antan, que je ne puisse m'empêcher, comme je l'ai fait, de garder ma montre à la main tout l'après-midi, dans la voiture, et d'y regarder cent fois l'heure ? Je me demande volontiers comment j'ai pu en rester si longtemps privé. Encore que je me souviens en avoir eu jadis une, mais qui m'avait semblé une gêne, si bien que j'avais résolu de ne plus m'en embarrasser, aussi longtemps que je vivrais[1]. »

1. Samuel Pepys, *Journal II – 1665-1669*, Paris, Robert Laffont, 1994.

Quiconque a eu un Smartphone ou un compte Twitter peut concevoir ce comportement compulsif. Regarder, regarder, regarder, encore une fois, juste pour voir. Quand la possibilité de regarder quelque chose se transforme en action compulsive, nous nous surprenons à regretter le temps où nous ne pouvions pas le faire.

Le pire, c'est que la montre de Pepys n'était pas si performante. Loin de là. Une technologie médiocre pour un an de salaire. Mais en 1665 aucune montre n'était efficace, du moins pas pour indiquer l'heure. Ce n'est que dix ans plus tard, avec l'invention du ressort spiral qui contrôlait la vitesse du balancier, que des montres de poche vaguement précises ont pu être fabriquées.

Depuis, nos moyens de mesurer le temps sont évidemment devenus bien plus performants. Nous sommes aujourd'hui à l'ère des horloges atomiques. Il s'agit d'appareils incroyables, terriblement précis. Par exemple, en 2016, des physiciens allemands ont conçu une horloge tellement précise qu'elle n'avancera ni ne reculera d'une seconde en quinze milliards d'années. Ils n'ont plus la moindre excuse pour être en retard.

Nous n'avons que trop conscience du temps numérique, mais pas assez du temps naturel. Pendant des milliers d'années, les gens se sont peut-être réveillés à 7 heures du matin. Ces derniers siècles, la différence est que nous nous réveillons *parce qu*'il est 7 heures du matin. Nous allons à l'école, à l'université ou au travail non parce que c'est le moment le plus naturel pour le faire, mais parce que c'est l'heure qui nous a été donnée. Nous servons de plus en plus le temps, et non le contraire. Nous nous inquiétons du temps. Nous nous demandons où il est passé. Le temps nous obsède.

Un coup de téléphone

« Matthew ? »

C'est ma mère. La seule personne qui m'appelle Matthew.

« Ouais.

– Tu as écouté ce que je t'ai dit ?

– Euh, oui. Tu parlais d'aller chez le docteur… »

À ma grande honte, je n'écoutais pas. Je fixais un e-mail que j'étais en train d'écrire. Je change donc de stratégie. Je lui dis la vérité.

« Désolé. Je suis à l'ordinateur. Je suis très occupé. Je n'ai pas le temps en ce moment… »

Maman soupire. Je l'entends immédiatement, bien qu'elle soit à trois cents kilomètres.

« J'ai déjà entendu ça. »

Nous avons besoin du temps que nous avons déjà

Le truc, c'est que nous devrions avoir plus de temps que jamais. Pensez-y. Dans les pays développés, l'espérance de vie a plus que doublé au cours du dernier siècle. Non seulement cela, mais nous avons encore plus de machines et de technologies qui nous font gagner du temps.

L'e-mail est plus rapide que le courrier. Le radiateur électrique est plus rapide que le feu. La machine à laver va plus vite que la lessive à la main dans un lavoir ou une rivière. Des processus autrefois laborieux comme attendre que vos cheveux sèchent, parcourir dix kilomètres, faire bouillir de l'eau ou chercher des informations ne prennent aujourd'hui presque plus de temps. Nous possédons des outils qui économisent le temps et l'énergie tels que le tracteur, la voiture, le lave-vaisselle, la chaîne de montage et le micro-ondes.

Pourtant, pendant une bonne partie de notre vie, nous nous sentons bousculés. Nous disons des choses comme : « J'aimerais lire davantage / apprendre à jouer d'un instrument / faire du sport / m'engager dans une association / cuisiner / faire pousser des fraises / voir mes anciens amis / m'entraîner pour le marathon… *si seulement j'avais le temps.* »

Nous nous surprenons souvent à souhaiter que la journée compte plus d'heures, mais cela n'aiderait pas. Clairement, le problème n'est pas un manque de temps. C'est plutôt une surcharge de *tout le reste.*

Souvenez-vous

Sentir que vous n'avez pas de temps ne signifie pas que vous n'avez pas de temps.

Sentir que vous êtes laid ne signifie pas que vous êtes laid.

Vous sentir anxieux ne signifie pas que vous avez besoin de l'être.

Sentir que vous n'avez pas accompli assez de choses ne signifie pas que vous n'avez pas accompli assez de choses.

Sentir qu'il vous manque quelque chose ne signifie pas que vous êtes incomplet.

5

Surcharge de vie

Un excès de tout

Dans le monde actuel, il y a un excès de *tout*.

Pensez à une seule catégorie de choses.

Pensez par exemple à l'objet que vous tenez – un livre.

Il existe *un tas* de livres. Pour une raison ou une autre, vous avez choisi de lire celui-ci. Mais tandis que vous le lisez, vous pouvez regretter de ne pas en lire d'autres. Je ne veux pas vous stresser, mais il y a *beaucoup* d'autres livres. À partir de données de Google, le site Internet Mental Floss estime qu'il existait au bas mot 134 021 533 livres en 2016. Aujourd'hui, il y en a des millions d'autres. Quoi qu'il en soit, 134 021 533, c'est vraiment beaucoup.

Il n'en a pas toujours été ainsi.

Nous n'avons pas de tout temps eu autant de livres, pour une raison évidente. Avant l'imprimerie, les livres étaient faits à la main, écrits sur des tablettes d'argile, du papyrus, de la cire ou du parchemin.

Même après l'invention de l'imprimerie, il n'y avait pas tant de livres à lire. Au début du XVIe siècle, un club de lecture aurait eu du mal à se fournir car, selon les chiffres de la British Library, seule une quarantaine de livres étaient publiés chaque année. Un lecteur avide pouvait donc facilement connaître toutes les publications.

« Alors, qu'est-ce que vous lisez ? pourrait demander un membre de cet hypothétique club de lecture.

– Ce qu'il y a, Cedric », serait la réponse.

Cependant, la situation a rapidement changé. En 1600, environ quatre cents titres étaient publiés chaque année en Angleterre – soit dix fois plus qu'au siècle précédent.

On dit que le poète Samuel Taylor Coleridge est la dernière personne à avoir tout lu, mais c'est techniquement impossible puisqu'il est né en 1834 et qu'il existait déjà des millions de livres. Cependant, il est intéressant de noter qu'à l'époque on *croyait* qu'il était possible de tout lire. Personne ne peut croire cela aujourd'hui.

Nous savons tous que, même si nous battons le record de lecture rapide, le nombre de livres que nous lirons ne sera qu'une minuscule fraction de ceux qui existent. Nous nous noyons dans les livres, de même que nous nous noyons dans les émissions de télé. Pourtant, nous ne pouvons lire qu'un livre – et regarder qu'une émission – à la fois. Nous ne sommes qu'un. Et nous sommes plus petits qu'Internet. Pour profiter de la vie, nous devons peut-être cesser de penser à ce que nous pourrons lire, regarder, dire ou faire et commencer à nous demander comment profiter du monde à l'intérieur de nos propres limites. Vivre à échelle humaine. Nous concentrer sur les quelques choses que nous pouvons faire plutôt que sur les millions que nous ne pouvons pas faire. Ne pas désirer des vies parallèles. Trouver une plus petite dimension mathématique. Être un 1 fier et singulier. Un nombre premier, indivisible.

Le monde subit une crise de panique

La panique est une forme de surcharge.

C'est ainsi que je percevais mes crises de panique. Un excès de pensée et de peur. Un esprit surchargé atteint son point de rupture et la panique déferle. Cette surcharge vous donne l'impression d'être pris au piège. Psychologiquement coincé. C'est pour cela que les crises de panique se déclenchent souvent dans les environnements trop stimulants. Les supermarchés, les boîtes de nuit, les cinémas, les trains bondés.

Mais que se passe-t-il quand la surcharge devient une caractéristique centrale de la vie moderne ? Surcharge de consommation. Surcharge de travail. Surcharge environnementale. Surcharge d'informations.

Notre défi actuel n'est pas de rendre la vie meilleure qu'elle ne l'était. Dans de nombreux domaines, l'existence humaine a le potentiel d'être meilleure, plus saine et plus heureuse que par le passé. Le problème, c'est que nos vies sont encombrées. Le défi consiste à découvrir qui nous sommes parmi la foule de nous-mêmes.

Endroits où j'ai eu des crises de panique

Au supermarché.
Dans le sous-sol sans fenêtres d'un grand magasin.
Dans un festival de musique bondé.
Dans une boîte de nuit.
Dans un avion.
Dans le métro londonien.
Dans un bar à tapas à Séville.
Dans les coulisses de *BBC News*.
Dans un train de Londres à York (elle a duré la plus grande partie du voyage).
Dans un cinéma.
Dans un théâtre.
Au magasin du coin.
Sur scène, déconnecté, face à des centaines de visages.
En me promenant à Covent Garden.
En regardant la télé.
Chez moi, tard le soir, après une journée chargée, tandis qu'une lumière orange menaçante brillait à travers les rideaux.
Dans une banque.
Devant un écran d'ordinateur.

Une planète nerveuse

« Imagine que le monde ne rende tout simplement pas les gens fous, m'a récemment dit un ami quand je lui ai parlé du livre que j'essayais d'écrire. Imagine que le monde lui-même soit fou. Ou bien les parties du monde qui nous concernent. Les humains. Qu'il soit littéralement *dingue*. Je crois que c'est ce qui se passe. Je crois que la société humaine est en crise.

– Oui, comme un patient qui a une crise de nerfs.

– Exactement. Bien sûr, le monde n'est pas une personne. Mais il est toujours plus connecté, comme tu dis – comme un système nerveux. Ça fait longtemps. J'ai lu qu'au XIXe siècle un type disait que les câbles télégraphiques étaient comme un système nerveux. »

Après quelques recherches, j'ai découvert que l'homme s'appelait Charles Tilston Bright – celui qui a conçu le premier câble télégraphique transatlantique. Il décrivait le réseau télégraphique mondial comme « le système nerveux électrique du monde ».

Nous n'avons plus le télégraphe, car il ne permettait pas de publier des vidéos de chats ninja ou des emojis. Mais le système nerveux du monde n'a pas disparu. Son échelle et sa complexité ont évolué à tel point que, depuis juin 2017, plus de la moitié de la population mondiale est connectée à Internet, selon les chiffres de l'Union internationale des télécommunications des Nations unies (qui s'appelait d'ailleurs l'Union internationale du télégraphe).

Le nombre d'utilisateurs d'Internet augmente rapidement chaque année. Il est incroyable de penser qu'en 1995 pratiquement personne n'allait sur Internet : seize millions de personnes, à peine 0,4 % de la population mondiale. Dix ans plus tard, en 2005, plus d'un milliard de personnes, soit 15 % de la population mondiale, étaient connectées. En 2017, ces deux chiffres se sont inversés, pour atteindre 51 %.

La même année, le nombre d'utilisateurs actifs de Facebook – des gens qui utilisent Facebook au moins une fois par mois – a atteint 2,07 milliards. Au début de la décennie, en 2010, il n'y avait même pas autant de gens sur Internet. Rapide, comme changement. Cela s'explique par le fait que de nombreuses régions du monde se sont « modernisées » et ont rapidement adapté leurs infrastructures au haut débit. L'autre facteur est l'avènement du Smartphone, qui a rendu l'accès à Internet bien plus facile qu'auparavant.

Non seulement le nombre d'utilisateurs d'Internet augmente, mais le temps que nous y passons aussi.

Les humains sont plus connectés que jamais par la technologie, et ce changement radical s'est produit en moins de quinze ans. Entre autres, cela a mené à de nombreuses disputes en ligne. Comme l'écrivait Tolstoï en 1894 dans *Le Royaume des Cieux est en vous* :

«Plus les hommes sont libres de privations; plus il y a de télégraphes, de téléphones, de livres, de journaux; plus il existe de moyens de diffuser des mensonges incohérents et des hypocrisies, plus désunis et donc plus malheureux deviendront les hommes, et c'est ce à quoi nous assistons.»

Les choses arrivent trop vite pour que nous puissions les digérer. Certainement plus vite qu'à l'époque de Tolstoï. Tout ce que nous ratons. Toutes ces informations. Toutes ces connexions technologiques. Le cerveau du monde est une métaphore commune mais adaptée. Nous sommes les cellules nerveuses du cerveau du monde, qui transmettent à toutes les autres cellules nerveuses. Nous nous renvoyons la surcharge. Des neurones surchargés sur une planète nerveuse. Prête à craquer.

6
Angoisses sur Internet

« Internet est la première chose bâtie par l'humanité que l'humanité ne comprend pas, la plus grande expérience d'anarchie qui ait jamais eu lieu. »

Eric Schmidt, P-DG de Google

« Par leurs choix, une poignée de gens qui travaillent dans une poignée d'entreprises orienteront ce que pensent des milliards de personnes… Je ne connais pas de problème plus urgent que celui-là… Il transforme notre démocratie, notre capacité à avoir les conversations et les relations que nous voulons avec les autres. »

Tristan Harris,
ancien employé de Google

Choses que j'adore sur Internet

L'action collective contre l'injustice sociale.

Regarder de vieilles vidéos de musique pop que j'avais oubliées.

Regarder des bandes-annonces sans être au cinéma.

Wikipedia, Spotify, les recettes de Marmiton.

Les recherches pour un voyage à l'étranger.

Goodreads.

Trouver des gens qui vous comprennent quand vous êtes au fond du trou.

Échanger avec des lecteurs avec qui je ne parlerais pas autrement.

La gentillesse, qui se manifeste souvent.

Regarder des vidéos d'animaux qui font des choses incroyables (un gorille qui danse dans une piscine, un poulpe qui ouvre un bocal).

Pouvoir m'adresser aux gens par e-mail ou message comme je ne pourrais pas le faire dans la vraie vie.

Les tweets amusants.

Garder le contact avec de vieux amis.

Pouvoir soumettre des idées aux gens.

Les excellents profs de yoga à Austin, Texas, dont je peux suivre les cours sans habiter à Austin, Texas.

De tout aussi excellentes vidéos de course à pied et d'étirements.

Faire des recherches sur les méfaits d'Internet, sur Internet.

Choses que je devrais moins faire sur Internet

Parler d'une expérience riche, alors que je pourrais vivre une expérience riche.

Rédiger des tweets d'opinion qui ne convaincront personne.

Cliquer sur des articles que je n'ai pas vraiment envie de lire.

Parcourir mon fil Twitter au lieu de prendre mon petit déjeuner.

Lire mes critiques sur Amazon.

Comparer ma vie à celle des autres.

Regarder des e-mails sans y répondre.

Répondre à des e-mails alors que je devrais écouter ma mère qui me raconte sa visite chez le médecin.

Éprouver la vaine joie des *like* et des *follow*.

Chercher mon nom.

Cliquer sur des vidéos de chansons que j'aime sur YouTube sans attendre la fin, parce que j'ai vu une autre vidéo qui me plaît.

Chercher des symptômes sur Google et me diagnostiquer tout seul (ce n'est pas parce qu'on est hypocondriaque qu'on n'est pas réellement en train de mourir).

Chercher des choses sur Google – n'importe quoi (« nombre d'atomes dans le corps humain », « vertus du curcuma », « acteurs de *West Side Story* », « comment télécharger des photos sur iCloud ») – après minuit.

Regarder l'évolution d'un tweet / d'une photo / d'un statut (et continuer à regarder).

Vouloir me déconnecter, sans me déconnecter.

Le monde rétrécit

Le sentiment d'une surcharge de la vie provient en partie de la sensation que le monde s'est contracté, concentré. Le monde humain s'est accéléré et a effectivement rétréci. Il est toujours plus connecté, et nous aussi. « L'esprit de ruche » – un terme inventé en 1950 dans une nouvelle de science-fiction de James H. Schmitz, *La Seconde Nuit de l'été* – est aujourd'hui une réalité. Nos vies, nos informations, nos émotions sont plus connectées que jamais. Internet unifie alors même qu'il semble diviser.

Ce rétrécissement du monde ne date pas d'hier. Les humains communiquent plus loin que leur voix ne le permet depuis des siècles. Par tous les moyens, des signaux de fumée aux tambours, en passant par les pigeons. Une chaîne de signaux lumineux reliant Plymouth à Londres a annoncé l'arrivée de la Grande Armada espagnole.

Au XIXe siècle, le télégraphe reliait les continents.

Puis le système nerveux mondial a évolué avec le téléphone, la radio, la télévision et, bien sûr, Internet.

Par de nombreux aspects, ces connexions nous rapprochent. Nous pouvons communiquer par e-mail, par texto, par Skype, par Facetime ou jouer à des jeux en ligne en temps réel avec des gens qui se trouvent à dix mille kilomètres de nous. La distance physique a de moins en moins d'importance. Les réseaux sociaux ont permis des actions collectives sans précédent : émeutes, révolutions, résultats électoraux décoiffants. Internet nous permet de nous rassembler pour changer les choses. Pour le meilleur comme pour le pire.

Le problème, c'est que si nous sommes connectés à un vaste système nerveux, notre bonheur – et notre malheur – est plus collectif que jamais. Les émotions du groupe deviennent les nôtres.

Hystérie de masse

L'histoire compte des milliers d'exemples d'individus dont les émotions sont influencées par la foule, depuis les procès de sorcières à Salem jusqu'à la Beatlemania.

L'un des exemples les plus amusants / effrayants est le cas d'un couvent français au XVe siècle, où une bonne sœur s'est mise à miauler comme un chat. Bientôt, d'autres religieuses se sont mises à miauler. Quelques mois plus tard, les villageois de la région eurent la surprise d'entendre *toutes* les sœurs miauler plusieurs heures par jour, un véritable chœur félin. Elles n'ont cessé que quand les autorités locales ont menacé de les fouetter.

Il existe d'autres exemples étranges. Comme la Peste dansante de 1518 où, pendant un mois, à Strasbourg, quatre cents personnes ont dansé jusqu'au point de s'effondrer – et parfois de mourir – sans raison précise. Il n'y avait même pas de musique.

Ou encore pendant les guerres napoléoniennes quand, selon la légende, les habitants de Hartlepool, en Angleterre, se sont collectivement persuadés qu'un singe échoué était un espion français et ont pendu le pauvre primate qui n'y comprenait rien. Les fausses informations circulent depuis longtemps.

Aujourd'hui, nous disposons d'une technologie – Internet – qui facilite les comportements de groupe et les rends plus fréquents. De nombreuses choses – une chanson, un tweet, une vidéo de chat – peuvent devenir virales en l'espace d'un jour, voire d'une heure. Le mot « viral » décrit parfaitement l'effet de contagion produit par ce mélange de technologie et de nature humaine. Bien sûr, les vidéos, les produits et les tweets n'ont pas le monopole de la contagion. Les émotions aussi peuvent le devenir.

Un monde entièrement connecté peut devenir fou, d'un seul coup.

Petits pas

C'était la même histoire.

« Matt, décroche d'Internet. »

Andrea avait raison, elle ne faisait que prendre soin de moi, mais je ne voulais rien entendre.

« Ça va.

– Non, ça ne va pas. Tu es en train de te disputer avec quelqu'un. Tu écris un livre pour expliquer comment supporter le stress d'Internet, et tu es en train de stresser sur Internet.

– Ce n'est pas vraiment ça. J'essaie de comprendre comment la modernité affecte notre esprit. Je décris le monde comme une *planète nerveuse*. La manière dont notre psychologie est connectée. J'écris sur tous les aspects d'une… »

Elle a levé la main.

« D'accord. Je ne t'ai pas demandé la conférence TED. »

J'ai soupiré.

« Je réponds juste à un e-mail.

– Non. Ce n'est pas vrai.

– Bon. Je suis sur Twitter. Mais je dois faire passer un message…

– Matt, c'est toi qui vois. Mais je croyais que l'objectif était de travailler pour ne plus te mettre dans cet état.

– Dans quel état ?

– Tellement absorbé par des choses qui ne devraient pas t'absorber. Je ne veux pas que tu retombes malade. C'est comme ça que ça arrive. C'est tout. »

Elle a quitté la pièce. J'ai fixé le tweet que je m'apprêtais à publier. Il n'ajouterait rien à ma vie. Ni à celle de personne. Il me pousserait seulement à regarder de nouveau mon téléphone, comme la montre de Pepys. Je l'ai effacé, et j'ai éprouvé un étrange soulagement en regardant chaque lettre disparaître.

Une ode aux réseaux sociaux

Quand la colère arpente Internet
À la recherche d'un convive,
Il est temps, déconnecte
Et va lire un livre.

Miroirs

Les neurobiologistes ont identifié le « miroir » comme l'un des chemins neuronaux activés dans le cerveau des primates – y compris le nôtre – lors de leurs interactions avec les autres.

À l'âge de la connexion, les miroirs deviennent plus grands.

Quand les gens ont peur d'un événement horrible, cette peur se répand tel un incendie numérique.

Quand les gens sont en colère, cette colère enfle.

Quand quelqu'un avec qui nous ne sommes pas d'accord exprime une émotion, nous pouvons éprouver la même chose. Par exemple, si quelqu'un est furieux contre vous en ligne, il y a peu de chances que vous adoptiez son point de vue, mais il est probable que sa furie vous contaminera. On l'observe chaque jour sur les réseaux sociaux : des gens qui se disputent, chacun campé sur ses positions, pourtant chacun reflète l'état émotionnel de l'autre.

Cela m'est souvent arrivé, voilà pourquoi Andrea était mécontente. Je me suis trouvé embarqué dans des disputes avec des gens qui m'ont traité de « princesse », d'« abruti de bobo » ou qui m'ont crié sur Twitter « Le gauchisme est une

MALADIE MENTALE ». J'ai beau savoir que se disputer en ligne avec des gens n'est pas la manière la plus épanouissante d'occuper nos jours limités sur cette terre, je l'ai fait sans trop me restreindre. Je le reconnais à présent. Il faut que j'arrête.

Bien que j'aie des opinions politiques très différentes de celles des gens avec qui je me dispute, psychologiquement nous alimentons la même colère l'un chez l'autre. Opposition politique mais symétrie émotionnelle.

Un jour, j'ai publié un tweet stupide dans un état d'angoisse.

« L'anxiété est mon superpouvoir. »

Je ne voulais pas dire que l'anxiété était une *bonne chose*. Je voulais dire que mon anxiété était incroyablement intense, que ceux qui comme moi en ont trop traversent cette vie tels un Clark Kent angoissé ou un Bruce Wayne tourmenté, portant le secret de notre identité. Et que ces pensées et ce désespoir qui tournent de manière incontrôlable sont un poids, mais dont nous pouvons, parfois, nous convaincre qu'il a ses avantages.

Par exemple, personnellement, cela m'a obligé à arrêter de fumer, à faire du sport, cela m'a aidé à comprendre ce qui était bon pour moi, qui m'aimait et qui ne m'aimait pas. Je suis heureux que cela m'ait poussé à tendre la main à d'autres personnes qui connaissent la même anxiété, et je suis heureux que cela m'ait poussé – pendant les bonnes périodes – à profiter de la vie plus intensément.

Voilà en gros ce que j'ai écrit dans *Rester en vie*. Mais je ne l'avais pas exprimé aussi bien dans ce tweet. D'un seul coup, j'ai fait l'objet de beaucoup d'attention sur Twitter.

J'ai décidé d'effacer mon tweet, mais certains avaient déjà fait une copie d'écran et ralliaient les rangs des furieux de Twitter pour déverser leur bile sur moi. « UN SUPERPOUVOIR ???? WTF !!! » – « @matthaig EST TOXIQUE » – « Efface ton compte » – « Quel connard », etc. Je suis resté en ligne, effrayé, à observer ce naufrage que j'avais provoqué tout seul, tandis que mon fil se remplissait de dizaines puis de centaines de personnes en colère, persuadées d'avoir raison car elles touchaient un nerf à vif. D'ailleurs, « toucher un nerf à vif » n'a aucun sens quand on souffre d'angoisse. Chaque nerf est à vif.

La colère est devenue contagieuse, et je l'éprouvais presque comme une force physique émanant de l'écran. Mon cœur s'est mis à battre deux fois plus fort. J'avais l'impression que tout se rapprochait. L'air se raréfiait. J'étais acculé. J'ai eu la sensation que la réalité fondait. « Oh merde, oh merde, oh merde. » Je me suis perdu dans une brève crise de panique. J'ai ressenti un mélange malsain de culpabilité, de peur et de colère défensive, et je me suis juré de ne plus jamais tenter de sortir de l'angoisse par un tweet en direct.

Il vaut mieux garder certaines choses pour soi.

Mais – plus important – je voulais trouver une manière pour que la vision que les autres ont de moi ne soit plus la vision que *moi*, j'ai de moi. Je voulais me créer une sorte d'immunité émotionnelle. Si vous vous laissez trop absorber par les réseaux sociaux, vous pouvez avoir l'impression de vous trouver dans une bourse où vous – ou du moins votre personnalité en ligne – fait figure de monnaie d'échange. Quand le ton monte, vous sentez le prix de votre action s'effondrer. Je voulais me libérer de cela. Je voulais me déconnecter psychologiquement. Devenir un marché autarcique. Me sentir à l'aise avec mes propres erreurs, sachant que tout humain représente plus que celles-ci. Me permettre de comprendre que je connais mieux mon propre fonctionnement qu'un inconnu. Être capable de laisser les autres dire que je suis un branleur sans sentir que j'en suis un. Me soucier des autres, mais pas de l'opinion erronée qu'ils se font de moi à travers le prisme d'Internet.

Comment rester sain d'esprit sur Internet : une liste de commandements utopiques que je suis rarement, parce qu'ils sont sacrément durs

1. Pratiquer l'abstinence. Particulièrement l'abstinence des réseaux sociaux. Résister aux excès malsains qui vous attirent. Renforcer les muscles de la retenue.

2. Ne pas rechercher des symptômes sur Google à moins que vous ne vouliez passer plusieurs heures persuadé que vous serez mort avant le dîner.

3. Se souvenir que personne ne se soucie vraiment de votre apparence. Ils se soucient de *leur* apparence. Vous êtes la seule personne au monde qui se soit jamais inquiétée de votre visage.

4. Comprendre que ce qui semble réel ne l'est pas nécessairement. En 1982, quand le romancier William Gibson a imaginé ce qu'il appelait le « cyberespace » dans *Gravé sur chrome*, il le décrivait comme une « hallucination consensuelle ». Je trouve cette description utile quand je me trouve trop absorbé par la technologie. Quand elle affecte ma vie non numérique. Il existe une distance entre Internet et le monde physique. Les aspects les plus puissants d'Internet sont des miroirs du monde hors ligne, mais les répliques du monde extérieur ne sont pas

réellement le monde extérieur. Il s'agit véritablement d'Internet, mais c'est tout ce qu'Internet peut être. Oui, vous pouvez vous y faire de vrais amis. Mais la réalité non-numérique reste un test utile pour cette amitié. Dès que vous vous déconnectez – une minute, une heure, un jour, une semaine –, il est surprenant de constater à quel point tout cela disparaît vite de votre esprit.

5. Comprendre que les gens sont davantage qu'une publication sur un réseau social. Songez combien de pensées contradictoires vous avez en une journée. Songez combien d'opinions contradictoires vous avez eues au cours de votre vie. Répondez aux opinions en ligne, mais ne laissez jamais une phrase écrite à la va-vite définir tout un être humain. « Dans la perspective cosmique, chacun d'entre nous est précieux, a dit le physicien Carl Sagan. Si quelqu'un n'est pas d'accord avec vous, laissez-le vivre. Vous ne trouverez pas un individu similaire dans cent millions de galaxies. »

6. Ne pas suivre des gens que vous détestez. C'est l'une de mes résolutions pour l'année 2018, et jusqu'à présent ça marche. Suivre pour détester ne permet pas de concentrer votre colère. Cela l'alimente. Bizarrement, cela renforce aussi votre caisse de résonance en vous faisant croire que seules les autres opinions sont extrêmes. Ne cherchez pas des choses qui vous rendent malheureux. Ne mesurez pas votre propre valeur à celle des autres. Ne cherchez pas à vous définir *contre*. Définissez *pour* quoi vous êtes. Et menez vos recherches en conséquence.

7. Ne pas jouer au jeu des évaluations. Internet adore les évaluations, qu'il s'agisse de critiques sur Amazon, TripAdvisor, RottenTomatoes, de commentaires sur des photos, des statuts,

des tweets. Les *like*, les favoris, les retweets. Ignorez tout ça. Une évaluation n'est pas un signe de valeur. Ne vous appuyez jamais dessus pour vous juger. Pour que tout le monde vous aime, il faudrait que vous soyez la personne la plus insipide au monde. William Shakespeare est l'un des plus grands écrivains de tous les temps. Il n'a qu'une médiocre moyenne de 3,7 sur Goodreads.

8. Ne pas passer votre vie à vous inquiéter de ce que vous ratez. Sans vouloir être bouddhiste – bon, c'est un peu bouddhiste –, la vie ne sert pas à être satisfait de ce que vous faites, mais de ce que vous êtes.

9. Ne jamais retarder un repas, ou le sommeil, pour Internet.

10. Restez humain. Résistez aux algorithmes. Ne vous laissez pas pousser vers une caricature de vous-même. Bloquez les pop-up. Sortez de la caisse de résonance. Ne laissez pas l'anonymat faire de vous quelqu'un que vous auriez honte d'être hors ligne. Soyez un mystère, pas une variable. Soyez quelqu'un qu'un ordinateur ne pourra jamais pleinement connaître. Gardez votre empathie. Cassez les habitudes. Résistez aux tendances robotiques. Restez humain.

Ne jamais renoncer

Parmi tous les défis qui nous attendent au cours du prochain siècle, alors que nous fusionnons de manière toujours plus complexe avec la technologie, le plus intéressant est peut-être celui-ci : comment rester humain dans un paysage numérique ? Comment rester nous-mêmes sans jamais renoncer ?

Attention à qui vous prétendez être

Plusieurs décennies avant que quiconque possède un compte Instagram, Kurt Vonnegut disait que « nous sommes ce que nous prétendons être, alors attention à qui nous prétendons être ». Cela semble particulièrement vrai à l'ère des réseaux sociaux. Nous nous sommes toujours présentés au monde – en choisissant de quel groupe porter le T-shirt, quels mots prononcer, quelles parties de notre corps raser –, mais sur les réseaux sociaux cette présentation passe à un niveau supérieur. Nous sommes éternellement un pas en retrait de notre personne en ligne. Nous devenons une marchandise sur pieds. Notre profil est une figurine *Star Wars* de nous-même.

L'image d'une pipe n'est pas une pipe, comme dit Magritte. Il existe un fossé permanent entre le signifiant et le signifié. Le profil en ligne de votre meilleur ami n'est pas votre meilleur ami. Une publication sur une journée passée au parc n'est pas une journée au parc. Et le désir de dire au monde à quel point vous êtes heureux n'est pas votre bonheur.

Comment être heureux (1)

1. Ne vous comparez pas aux autres.
2. Ne vous comparez pas aux autres.
3. Ne vous comparez pas aux autres.
4. Ne vous comparez pas aux autres.
5. Ne vous comparez pas aux autres.
6. Ne vous comparez pas aux autres.
7. Ne vous comparez pas aux autres.

Encore un clic

Si un rat appuie sur un levier et obtient chaque fois une friandise, il continuera à appuyer. Mais pas aussi souvent que le rat qui obtient des résultats différents quand il appuie sur le levier – parfois une friandise, parfois rien.

Avant, je croyais que les réseaux sociaux étaient inoffensifs. Je croyais que j'y allais parce que j'aimais ça. Mais j'y restais même quand ça ne me plaisait pas. Je me souvenais de ce sentiment. C'est celui que vous éprouvez à 3 heures du matin dans un bar, quand vos amis sont rentrés chez eux.

Algorithmes et empathie

Aujourd'hui, grâce à des algorithmes intelligents, quand nous faisons des achats, on nous présente des produits que nous pourrions aimer. Des choses que *des gens comme nous* achèteraient.

Si nous écoutons de la musique sur Spotify ou sur YouTube, on nous présente une liste de musique qui ressemble presque exactement à celle que nous écoutons déjà.

Si nous sommes sur Amazon, on nous montre les livres que ceux qui ont acheté celui que nous cherchons ont aussi achetés.

Si nous sommes sur les réseaux sociaux, on nous conseille de suivre d'autres gens comme ceux que nous suivons déjà. Encore plus comme nous.

On nous encourage à rester dans notre zone de confort, à jouer la sécurité, car les entreprises d'Internet savent que la plupart des gens aiment généralement écouter, lire, regarder, manger, porter ce qu'ils ont déjà écouté, lu, regardé, mangé ou porté. Mais nous n'avons pas toujours pu faire cela. Nous devions sortir, faire des compromis, traiter avec des gens qui n'étaient pas comme nous. Avec des choses qui n'étaient pas comme celles que nous aimions. Et c'était *affreux*.

Mais maintenant, cela pourrait être *encore pire*.

Maintenant, nous nous retrouvons à détester quiconque ne pense pas comme nous. Les politiciens finiront peut-être par ne plus essayer de tendre la main à l'autre bord. La différence devient une chose à redouter, à moquer, pas à célébrer. Des gens qui ont les mêmes opinions finissent par se brouiller, incapables de supporter la moindre divergence de vues, jusqu'à se trouver pris au piège dans une petite caisse de résonance intime, à lire un million de versions du même livre, à écouter la même chanson, à retweeter leur propre opinion jusqu'à la fin des temps.

Mais nous sommes humains. Nous pouvons résister à cela. Nous pouvons refuser de nous confiner à une petite tribu numérique. Nous pouvons embrasser toute la bande passante de la vie. Nous trouvons toujours des moyens de le faire. Certes, nous sommes désordonnés. Mais c'est ce qui fait notre force. Nous ne faisons pas seulement des choses parce qu'elles ont du sens. En cela, Internet peut être notre allié, non notre ennemi. Internet contient le monde entier. Internet peut être ce que nous voulons qu'il soit. Internet peut nous mener où nous voulons. Nous devons juste faire en sorte que ce soit nous – et non la technologie, des designers et des ingénieurs capables de manipuler nos humeurs – qui choisissions.

Ce que les gens sur les réseaux sociaux pensent des réseaux sociaux

Dans ma quête pour isoler mon esprit de la planète nerveuse, j'ai commencé à imaginer ce que je ressentirais si je quittais totalement les réseaux sociaux. Ainsi, pour imaginer ce que serait la vie sans réseaux sociaux je, euh... suis allé sur les réseaux sociaux. J'ai posé une question vaste et simple à certains de mes followers Twitter : « Les réseaux sociaux sont-ils bons ou mauvais pour votre bien-être mental ? » La question a touché un nerf. J'ai reçu plus de deux mille réponses. Elles présentent évidemment un tableau complexe. Quoique, considérant qu'il s'agit de personnes actives sur les réseaux sociaux, il est plutôt sombre. Si vous posiez la même question à des lecteurs, des amateurs de cinéma, des cavaliers ou des randonneurs, il est peu probable que les réponses seraient aussi contrastées. Quoi qu'il en soit, voici une sélection représentative :

April Joy @AprilWaterson
C'est à la fois un mécanisme de défense et une source d'anxiété. Quand je suis angoissée, c'est agréable de

parcourir le fil sans réfléchir pour me distraire. Mais en même temps, le besoin constant de publier des choses dont je suis sûre à 100 % qu'elles seront jugées n'est pas une pensée rassurante.

Dean Smith @deansmith7
Mauvais. Je me retrouve à comparer mes images de coulisses (solitude, angoisse, etc.) à la bande-annonce des autres (rencontres, réussite, etc.). Je sais que cela ne reflète pas leur vraie vie, mais cela m'atteint quand même.

Miss R! @Fabteachertips
Quand je suis au plus bas, je peux facilement perdre des heures à parcourir mes fils d'actualité seule au lit. Je ne sais vraiment pas pourquoi je fais ça, je pourrais faire tant d'autres choses plus productives. En tout cas, je ne vais pas mieux pour autant !

Immi Wright @immi_wright
J'ai quitté Facebook après avoir atteint des niveaux suicidaires… et j'ai commencé à me sentir plus confiante. J'imagine que sur FB les gens présentent leur moi idéal. Sur Twitter, je suis seulement des rock stars et @dog_rates, alors j'ai bien moins à craindre.

Kieran Shanga @kieran_shanga
C'est bon dans le sens où l'on peut entrer en contact avec d'autres qui comprennent ce que vous vivez. Le problème, c'est que ça alimente une addiction, comme une drogue, et que ça peut contrôler votre vie.

Hayley Murphy @hayleym_swvegan

Bon. Personne, je dis bien PERSONNE ne me comprend dans le « monde réel ». Ça me sauve littéralement la vie de savoir que je ne suis pas seule. N'importe quel outil mal utilisé peut être dangereux, mais bien employé il peut être incroyable.

Bonnie Burton @bonniegrrl

Mitigé. Bon parce que je peux facilement entrer en contact avec des gens qui m'inspirent et que j'admire. Mauvais parce que les réseaux sociaux se transforment en tribune pour le harcèlement et que certains comportements inadmissibles s'y manifestent en toute impunité.

Shylah Ellis @MsEels

Quand j'étais petite, sans les réseaux sociaux, je croyais que j'étais la seule personne au monde à souffrir de dépression. Je me sentais tout le temps isolée, et les seules personnes avec qui j'avais des contacts étaient toxiques. Les réseaux sociaux m'ont permis d'interagir avec des gens incroyables du monde entier.

Kyle Murray @TheKyleMurray

Je travaille dans les réseaux sociaux, et bien que je trouve qu'ils ont des côtés positifs, je pense que si j'avais une autre manière de garder le contact avec mes amis éloignés je n'irais plus du tout. Les réseaux ont été manipulés par des gens affreux. J'ai FB depuis 2004, et j'y reste surtout par nostalgie.

James @james___s
Une citation que j'ai entendue récemment : « Sur Facebook, tout le monde ment à ses amis. Sur Twitter, on dit la vérité à des inconnus. »

Abigail Rieley @abigailrieley
Les deux. Je me suis fait de vrais amis en ligne & on peut obtenir un véritable soutien MAIS si vous êtes au fond du trou et que vous vous sentez inutile, ça peut être une fenêtre sur un monde dont vous vous sentez exclu, très isolant.

Kate Leaver @kateileaver
Mitigé, mais meilleur que ce que leur réputation laisse supposer. Je pense que de vraies amitiés peuvent vivre sur les réseaux sociaux, ce qui est précieux si vous ne pouvez pas sortir de chez vous. Parfois, il est utile de voir d'autres vies quand vous êtes seule/déprimée.

Jayne Hardy @JayneHardy_
Les deux, je dois mettre un cadre mais quand j'arrive à le maintenir, les réseaux sociaux sont bons pour moi.

Gareth L Powell @garethlpowell
En tant qu'écrivain indépendant, Twitter est un peu ma machine à café. C'est là que je vais parler à mes amis et à mes collègues. Sans cela, je me sentirais très isolé.

Claire Allan @ClaireAllan
Mitigé. En tant qu'écrivaine qui travaille seule, cela me permet des interactions sociales qui m'empêchent de devenir folle.

Mais je pense qu'ils soulignent le meilleur & parfois le pire de l'humanité, ce qui augmente mon anxiété.

Yassmin Abdel-Magied @yassmin_a

C'est comme tout. Ça peut être super, mais il faut bien le gérer pour que le bon dépasse le mauvais. J'ai rencontré certains de mes meilleurs amis sur Twitter.

Hollie Newton @HollieNuisance

J'aime les idées, les nouvelles et les photos pleines de couleurs. J'aime voir ce que font mes amis. Interagir. Mais après quelques minutes… je commence à me sentir anonyme, inadaptée.

Cole Moreton @colemoreton

Pas bon. Ça m'agite, m'attire dans de violentes disputes, puis je suis dégoûté et j'ai envie de tout éteindre. Et le cycle recommence.

Rachel Hawkins @ourrachblogs

Mitigé. Instagram peut me rendre jalouse. Facebook me met en rage et Tweeter me stresse parfois.

Kat Brown @katbrown

Les deux. J'en retire beaucoup (travail, rires, amis, contacts) mais je sais que ma capacité de concentration s'est transformée. Je suis de plus en plus en ligne. Que va-t-il se passer? Qu'aurait-il pu se passer? Infos + dopamine = argh.

Nigel Jay Cooper @nijay

Des fois, c'est comme se trouver dans une pièce remplie de gens qui se crient dessus sans s'écouter, alors je dois m'éloigner… mais il y a la manière dont ça connecte les gens, le soutien, la sensation de communauté. (1/2)

Je crois que le plus important pour moi, c'est le facteur Smartphone « toujours allumé ». Je dois créer du temps où je pose mon téléphone pour me concentrer sur le monde réel qui m'entoure et non sur le virtuel. Pour moi, réussir ça est la clé pour ne pas me laisser envahir par les réseaux. (2/2)

Comment être heureux (2)

Ne comparez pas votre vous réel à un vous hypothétique. Ne vous noyez pas dans une mer de « et si ». N'encombrez pas votre esprit en imaginant d'autres versions de vous, dans des univers parallèles, où vous auriez pris d'autres décisions. L'ère d'Internet encourage le choix et la comparaison, mais ne faites pas ça. « La comparaison vole la joie », disait Theodore Roosevelt. Vous êtes vous. Le passé est le passé. La seule manière de mener une vie meilleure, c'est à partir du présent. Se concentrer sur les regrets ne fait que transformer ce présent en une autre chose, que vous voudriez avoir fait différemment. Acceptez votre propre réalité. Soyez assez humain pour commettre des erreurs. Soyez assez humain pour être *assez*. En acceptant là où vous êtes dans la vie, il devient bien plus facile d'être heureux pour les autres sans vous sentir mal pour autant.

7
Le choc des informations

L'effet multiplicateur

La planète a de bonnes raisons d'être nerveuse. Le monde peut être terrifiant. La polarisation politique, le nationalisme, la montée de véritables nazis inspirés par Hitler, les élites ploutocratiques, le terrorisme, le changement climatique, les bouleversements gouvernementaux, le racisme, la misogynie, la disparition de la vie privée, les algorithmes toujours plus performants qui récoltent nos données personnelles pour capter notre argent ou notre vote, l'émergence de l'intelligence artificielle et ses implications, la menace renouvelée d'une guerre nucléaire, les violations des droits de l'homme, le massacre de la planète. Il ne s'agit pas seulement des événements. Après tout, le monde a toujours connu des événements tragiques à un endroit quelconque. Aujourd'hui, la différence est que – avec les caméras sur les téléphones, l'information en continu, les réseaux sociaux et notre connexion permanente à Internet –, nous *vivons* ce qui se passe ailleurs de manière plus directe, plus viscérale et plus intime que jamais. Cette expérience est démultipliée, elle déborde par un millier d'angles différents.

Imaginez par exemple qu'il y ait eu les réseaux sociaux et les Smartphones pendant la Seconde Guerre mondiale. Si les gens avaient vu, en couleur, les conséquences de chaque bombe sur leur écran, la réalité de chaque camp de concentration, les corps sanglants, mutilés, des soldats, alors l'expérience psychologique collective aurait porté l'horreur bien au-delà de ceux qui la subissaient.

Nous ferions bien de nous souvenir que le sentiment selon lequel chaque année est pire que la précédente est justement seulement ça : un sentiment. Nous sommes toujours plus connectés aux horreurs et à la mise en scène des informations mondiales, qui ont un effet déprimant. Une sensation d'enfoncement général. Le vrai problème, c'est que ces peurs que nous éprouvons toujours plus fortement risquent en elles-mêmes de rendre le monde pire.

Si nous voyons les images d'un attentat terroriste, il devient bien plus facile d'imaginer que cela peut avoir lieu n'importe quand, là où nous vivons. Peu importe si, rationnellement, nous savons que nous avons bien plus de probabilités de mourir du cancer, de suicide ou d'un accident de voiture, la terreur sensationnelle que nous avons vue aux informations domine nos pensées. Les politiciens exploitent ces peurs pour créer davantage de division. Ce qui mène à davantage d'instabilité, davantage d'occasions pour les terroristes de faire ce qu'ils font : provoquer la terreur. Ensuite, les politiciens ou les agitateurs politiques exploitent encore plus cette peur.

C'est le même processus qu'une personne souffrant d'un trouble obsessionnel compulsif qui renforce perpétuellement sa peur – rester à l'intérieur, se laver les mains deux cents fois par jour. En réalité, elle se fait du mal sous prétexte de se protéger. Mais cette fois, le trouble n'est pas individuel. Il est social. Mondial.

Des chocs pour le système

Le mot « choc » apparaît de plus en plus chez les commentateurs politiques à la télévision. Quand on regarde / lit / parcourt les informations du XXIe siècle, on a l'impression d'une succession de chocs.

« Oh merde, quoi encore ? » Voilà la réaction générale.

Le matin, vous avez un sursaut quand vous cliquez sur votre site d'informations préféré.

Le choc a beau être un événement déplaisant pour un individu ou une société, c'est un outil politique efficace. Demandez à quelqu'un qui a déjà souffert d'une véritable crise de panique : il vous dira qu'on ne pense à rien d'autre qu'à la peur. Quand vous êtes choqué, vous perdez vos moyens. Vous n'arrivez pas à réfléchir. Vous devenez passif. Vous allez là où on vous dit d'aller.

Naomi Klein a inventé le terme « doctrine du choc » pour décrire la tactique cynique qui consiste à utiliser systématiquement « la désorientation du public après un choc collectif » au profit d'une entreprise ou d'une politique. Les entreprises pétrolières qui exploitent le choc de la guerre pour faire leur entrée dans un nouveau pays, par exemple, ou un président américain qui exploite le terrorisme pour pousser des mesures anti-immigration plus dures.

« Nous n'entrons pas en état de choc quand il se produit quelque chose d'énorme et de mauvais, dit-elle. Il doit s'agir de quelque chose d'énorme et de mauvais *que nous ne comprenons pas.* »

Le problème, c'est que nous avons maintenant l'information en continu, les événements nous heurtent mais sont rarement absorbés. Nous vivons dans un monde d'informations qui de par sa nature effleure le moment présent, qu'il orne de titres et de petites formules, sans nous donner une vision plus calme, plus réfléchie du tableau d'ensemble.

Le choc produit des émotions négatives mais compréhensibles. Peur, tristesse, impuissance, colère. La tentation de passer notre vie à twitter notre rage face aux injustices du monde est humaine, mais elle ne suffit pas. En dernier ressort, cela ne fait qu'ajouter des pleurs aux lamentations qui aident le pouvoir ou les extrêmes politiques, très désireux que nous nous distrayions.

Quand un individu souffre d'un trouble panique, sa principale réaction – à part la terreur – est de se sentir en colère, à bout. Mais dans le processus de guérison vient un moment où il faut atteindre la compréhension et l'acceptation. Non parce que ce n'est pas grave. Mais précisément parce que c'est *très grave.*

Je me rappelle un soir, pendant ma dépression, où j'ai regardé un ciel étoilé. Les merveilles de l'univers.

Au fond du trou, j'ai toujours dû me forcer à trouver la beauté, la bonté, l'amour, aussi difficile que ç'ait été. C'était dur. Mais je devais essayer. Le changement ne vient pas en se concentrant sur l'endroit qu'on veut fuir. Il advient en se concentrant sur celui qu'on veut atteindre. Encouragez les gentils, ne vous contentez pas de dégommer les méchants. Trouvez l'espoir qui est déjà là et laissez-le prospérer.

Imaginez

Imaginez une journée où nous appellerions tous les êtres humains des êtres humains. Pas par leur nationalité. Pas par leur religion. Pas anglais. Pas américains. Pas français. Pas allemands. Pas iraniens. Pas chinois. Pas musulmans. Pas sikhs. Pas chrétiens. Pas asiatiques. Pas noirs. Pas blancs. Pas hommes. Pas femmes. Pas P-DG de Coca-Cola. Pas membre d'un gang. Pas mère de trois enfants. Pas historien. Pas économiste. Pas journaliste à la BBC. Pas utilisateur de Twitter. Pas consommateur. Pas fan de *Star Trek*. Pas auteur. Pas dix-sept ans. Ni trente-neuf. Ni quatre-vingt-trois. Pas de droite. Pas de gauche. Tout ça remplacé par humain. De même que nous considérons toutes les tortues comme des tortues. Humain, humain, humain. Pour voir ce que nous prétendons savoir. Pour nous rappeler que nous sommes une seule espèce animale vivant sur cette douce tache bleue dans l'espace, la seule planète à notre connaissance qui abrite la vie. Pour nous repaître du sentiment mièvre de ce miracle. Pour nous définir par la chance incroyable non seulement d'être en vie, mais d'en avoir conscience. Que nous sommes là, maintenant, sur la plus belle planète que nous ne connaîtrons jamais. Une planète où nous pouvons respirer, vivre, tomber amoureux, manger des tartines de beurre de cacahuète, dire bonjour aux chiens, danser sur de la musique, lire *Bonjour tristesse*, regarder des séries à la chaîne, remarquer le contraste de l'ombre et du soleil sur un immeuble, sentir le vent et la pluie sur notre peau tendre, prendre soin des autres, nous perdre dans des rêves éveillés et endormis, nous dissoudre dans le doux mystère de nous-mêmes. Un jour où nous sommes aussi humains les uns que les autres.

Comment suivre l'actualité sans perdre la tête

1. Rappelez-vous que la manière dont vous réagissez à l'information n'est pas seulement liée à son contenu, mais à la manière dont elle vous atteint. Internet et les chaînes d'info en continu nous présentent les informations de manière à nous désorienter. Il est facile de croire que les choses empirent, quand elles nous font nous sentir moins bien. Le medium ne se limite pas au message, c'est aussi l'intensité émotionnelle qu'il transmet.

2. Limitez le temps que vous passez à suivre l'actualité. Comme l'a récemment fait remarquer mon amie Facebook Debra Morse : « Souvenez-vous qu'en 1973, on avait des nouvelles deux fois par jour : le journal du matin et l'émission télé du soir. Malgré ça, on s'est débarrassés de Nixon. »

3. Prenez conscience que le monde n'est pas aussi violent qu'il le paraît. De nombreux chercheurs – dont le célèbre psychologue cognitif Steven Pinker – ont fait remarquer que, malgré toutes ses horreurs, la société est moins violente qu'autrefois. « Bien sûr, la violence existe toujours, affirme l'historien Yuval Noah Harari. Je vis au Moyen-Orient, je le sais parfaitement.

Mais, comparativement, il y a moins de violence que jamais au cours de l'histoire. Aujourd'hui, davantage de gens meurent de trop manger que de violence humaine, ce qui est vraiment extraordinaire. »

4. Soyez proche des animaux. Les animaux non humains ont toutes sortes de vertus thérapeutiques. L'une d'elles est qu'ils n'ont pas d'actualité. Les chiens, les chats, les poissons rouges et les antilopes s'en fichent royalement. Ce qui est important pour nous – la politique, l'économie, toutes ces choses fluctuantes – ne l'est pas pour eux. Or leur vie, comme la nôtre, se poursuit. Comme l'écrit A. A. Milne dans *Winnie l'Ourson* : « Certaines personnes parlent aux animaux. Mais peu les écoutent. Voilà le problème. »

5. Ne vous inquiétez pas pour des choses que vous ne pouvez pas contrôler. Les informations regorgent d'événements auxquels nous ne pouvons rien – parlez de sujets qui vous concernent, donnez ce que vous pouvez aux causes qui vous passionnent, mais acceptez aussi ce que vous ne *pouvez pas* faire.

6. Rappelez-vous, recevoir de mauvaises nouvelles ne signifie pas qu'il n'en existe pas de bonnes. Il y en a partout. Maintenant. Dans le monde entier. À l'hôpital, à un mariage, à l'école, au bureau, à la maternité, à l'aéroport, dans une chambre, dans une boîte mail, dans la rue, dans le sourire d'un inconnu. Un milliard de merveilles invisibles du quotidien.

Éloge de la positivité

Le vieux moi, avant que je tombe malade, était cynique envers la positivité, les chansons joyeuses, les couchers de soleil roses et les mots d'espoir. Mais quand j'étais malade – dans l'œil du cyclone –, ma vie dépendait du fait que j'abandonne mon côté pessimiste. Le cynisme est le luxe de ceux qui ne sont pas suicidaires. Je devais trouver l'espoir. *Le truc avec des plumes*. C'était une question de vie ou de mort.

Il peut paraître un peu tiré par les cheveux de lier la guérison psychologique à la guérison politique et sociale, mais si ce qui est personnel est politique, il en va de même pour le psychologique. Le climat politique actuel semble caractérisé par la division – une division alimentée par Internet.

Nous avons besoin de redécouvrir ce que nous avons en commun, nous, humains. Comment cela peut-il se faire ? Une invasion extraterrestre serait efficace, mais nous ne pouvons pas compter là-dessus.

Le problème de la politique est le problème des tribus. « Quand on se divise par croyance, par nationalité, par tradition, cela engendre la violence», nous enseigne le philosophe Jiddu Krishnamurti.

Une chose que m'a apprise la maladie mentale, c'est que pour progresser il faut accepter. Ce n'est qu'en acceptant une situation qu'on peut la changer. Il faut apprendre à ne pas être choqué par le choc. Ne pas paniquer à cause de la panique. Changer ce que l'on peut sans être frustré par ce que l'on ne peut pas changer.

Il n'y a pas de panacée, pas d'utopie: seuls l'amour, la gentillesse et l'effort au sein du chaos permettent d'améliorer ce que nous pouvons. Et garder notre esprit grand, grand ouvert dans un monde qui veut souvent le fermer.

8

Une partie sur le sommeil

La guerre contre le sommeil

Avant 1879, année où Thomas Edison a inventé la première ampoule à incandescence utilisable, tous les éclairages étaient alimentés au gaz ou à l'huile. Cette ampoule, pour laquelle la Edison & Swan United Electric Light Company a mené une grande campagne publicitaire, a littéralement illuminé le monde. Ces ampoules étaient pratiques – petites, pas chères, fiables –, elles émettaient juste la bonne quantité de lumière et ont pris leur essor dans les foyers et les entreprises du monde entier.

Les humains avaient enfin conquis la nuit. Le noir – la source de tant de nos peurs primitives – pouvait maintenant être écarté grâce à un simple interrupteur. Puisque les soirées pouvaient être éclairées plus longtemps, les gens commencèrent à aller se coucher plus tard. Cela ne préoccupait pas Edison le moins du monde. Il y voyait même un phénomène tout à fait positif. En 1914, alors qu'il était déjà mondialement connu, Edison déclara qu'« il n'y a[vait] aucune raison pour que les hommes aillent se coucher ». Il allait plus loin : il pensait que le sommeil était mauvais, et que trop dormir rendait paresseux. Il considérait l'ampoule comme une sorte de remède et croyait que la lumière artificielle soignerait les gens « malsains et inefficaces ».

Bien sûr, il avait tort. Sans sommeil, nous ne fonctionnons pas correctement.

Comme les oiseaux et les tortues de mer, les humains ont une horloge interne. Ils suivent – nous suivons – un rythme circadien. C'est-à-dire que notre corps réagit diversement à différents moments de la journée. Il a évolué pour fonctionner autrement que le jour et la nuit. Dans cent cinquante mille générations, les humains s'adapteront peut-être à la lumière artificielle, mais pour l'instant notre corps et notre esprit sont toujours les mêmes que ceux des humains qui existaient avant qu'Edison ne brevette son ampoule. En d'autres termes : nous avons besoin de sommeil.

Pourtant, nous ne dormons pas assez. L'Organisation mondiale de la santé – qui a signalé une épidémie de perte de sommeil dans les pays industrialisés – recommande de dormir entre sept et neuf heures par nuit. Peu d'entre nous le font. Selon une étude de l'American National Sleep Foundation, les Américains, les Britanniques et les Japonais dorment en moyenne moins de sept heures par nuit tandis que d'autres pays – comme l'Allemagne ou le Canada – tournent autour de la ligne des sept heures. Selon une autre étude – cette fois-ci menée par Gallup –, on dort en moyenne une heure de moins qu'en 1942.

Cependant, la lumière artificielle n'est pas le seul facteur à l'œuvre. Les experts du sommeil indiquent que la manière dont nous travaillons aujourd'hui ainsi qu'une augmentation de la solitude et de l'anxiété augmentent notre désir de rester éveillés ou de nous distraire, dans un monde frénétique qui tourne 24 heures sur 24, 7 jours sur 7.

Il existe de nombreuses incitations à rester éveillés. Tellement d'e-mails auxquels répondre. Tellement d'épisodes de notre émission préférée à regarder. Tellement de choses à acheter en ligne. De ventes à surveiller sur eBay. Tellement d'informations à suivre. Tellement de profils de réseaux sociaux à mettre à jour, de concerts à voir, de livres à lire, de rencontres potentielles à faire, d'ambitions à réaliser. Tant de gens – disciples d'Edison à leur insu – qui veulent que nous restions réveillés.

Tout le monde sait qu'on tend à être plus triste, plus inquiet, plus irritable et plus léthargique quand on n'a pas dormi. Le sommeil est essentiel à notre bien-être. Mal dormir peut avoir de graves conséquences sur notre état physique et mental. Bien que certains effets du manque de sommeil prêtent à débat, d'autres sont assez consensuels pour le corps médical. Par exemple, selon diverses sources et études, le manque de sommeil :

– affaiblit notre système immunitaire ;
– augmente le risque de maladies coronariennes ;
– augmente le risque d'attaque cérébrale ;
– augmente le risque de diabète ;
– augmente le risque d'avoir un accident de voiture ;
– est associé à un fort nombre de cancers du sein, de la prostate, de cancers colorectaux ;
– affaiblit notre capacité de concentration ;
– affecte notre mémoire ;
– augmente le risque de souffrir de la maladie d'Alzheimer ;
– augmente les probabilités de prendre du poids ;
– réduit la libido ;
– augmente les niveaux de cortisol, l'hormone du stress ;
– favorise la dépression.

Comme l'écrit le « scientifique du sommeil » Matthew Walker, de l'université de Californie, dans son livre *Why We Sleep* : « Apparemment, il n'est aucun organe vital, aucun processus cérébral qui ne bénéficie pas du sommeil. [...] Les conséquences physiques et mentales d'une mauvaise nuit de sommeil sont bien plus graves que celles causées par un manque équivalent de nourriture ou d'exercice. »

Le sommeil est essentiel et incroyable. Pourtant, c'est traditionnellement l'ennemi de la consommation. On ne peut pas dépenser pendant notre sommeil. On ne peut pas travailler, gagner de l'argent ni publier sur Instagram pendant notre sommeil. Bien peu d'entreprises – à part les fabricants de lits, les marchands de couettes ou de stores occultants – gagnent de l'argent grâce au sommeil. Personne n'a trouvé le moyen de bâtir un centre commercial où nous pouvons entrer via notre sommeil, où les publicitaires peuvent payer pour une place dans nos rêves, où nous pouvons dépenser de l'argent tandis que nous sommes inconscients.

Lentement, le sommeil devient toujours plus commercialisé. Aujourd'hui, il existe des cliniques privées, des centres du sommeil où les gens paient pour obtenir des conseils sur la meilleure manière de dormir. Il existe des « *sleep trackers* » qui enregistrent les mouvements et ont été critiqués (par exemple dans un article du *Guardian* de 2018) comme étant peu fiables et contre-productifs, car ils rendent les gens plus inquiets au sujet de leur sommeil.

Mais pour l'essentiel, le sommeil reste un espace sacré, loin des distractions. Ce qui explique pourquoi, apparemment, personne ne peut aller se coucher tôt.

Aujourd'hui, à ce stade avancé du capitalisme, le sommeil est non seulement perçu comme un phénomène qui ralentit le travail, mais comme un véritable concurrent.

Le directeur de Netflix, Reed Hastings, pense que le sommeil – pas HBO, pas Amazon ni aucun autre service de streaming – est le principal rival de son entreprise. « Réfléchissez, a-t-il déclaré lors d'un sommet industriel à Los Angeles en 2017, cité par *Fast Company*. Quand vous regardez une série Netflix, que vous devenez accro, vous vous couchez tard… À la marge, nous sommes en compétition avec le sommeil. C'est un vaste réservoir de temps. »

Voilà donc l'attitude envers le sommeil : quelque chose dont il faut se méfier car c'est un temps où vous n'êtes pas connecté, où vous ne consommez pas, ne payez pas. Nous avons la même attitude envers le temps : quelque chose qu'il ne faut pas gâcher en se reposant, en étant soi-même, en dormant. Nous sommes gouvernés par l'horloge. Par l'ampoule électrique. Par le halo du Smartphone. Par l'insatiabilité qu'on nous encourage à développer. Le sentiment que *ce n'est jamais assez*. Notre bonheur est à portée de main. À un achat, une interaction, un clic de nous. Il nous attend, il brille comme la lumière au bout d'un tunnel que nous ne pouvons jamais vraiment atteindre.

Le problème, c'est que nous ne sommes tout simplement pas faits pour vivre à la lumière artificielle. Nous ne sommes pas faits pour nous réveiller au son du réveil ou nous endormir à la lueur bleutée de notre Smartphone. Nous vivons dans des sociétés 24 heures sur 24, mais pas dans un corps 24 heures sur 24.

Quelque chose doit céder.

Comment dormir sur une planète nerveuse

Il existe toutes sortes de solutions payantes ou technologiques. Depuis les appareils enregistreurs de sommeil aux ampoules sans lumière bleue en passant par l'hypnothérapie et les masques de sommeil. Mais la plupart de ces produits de consommation ne visent qu'à augmenter notre anxiété liée au sommeil.

En fait, les meilleures techniques sont les plus simples. Le conseil que donnent le plus souvent les professionnels est de trouver une routine, d'éviter la caféine, la nicotine et trop d'alcool le soir (je souscris à tout cela), de faire de l'exercice tôt le matin, d'éviter de trop manger le soir, de se détendre avant d'aller au lit et de s'exposer à la lumière naturelle.

Faire dix minutes de yoga (très) léger et respirer lentement a bien fonctionné pour moi pendant les périodes d'anxiété où le sommeil se révélait problématique.

L'une des solutions les plus efficaces, quoiqu'un peu ennuyeuse, est incroyablement simple. Selon le professeur Daniel Forger, de l'université du Michigan, qui a dirigé une équipe de recherches sur les habitudes de sommeil dans le monde, nous sommes au cœur d'une « crise mondiale du sommeil », car la société nous incite à nous coucher plus tard. La réponse, comme il l'a déclaré à la BBC, n'est pas de faire davantage de siestes. C'est d'aller se coucher un peu plus tôt, car plus on se couche tard, moins on dort. En effet, l'heure à laquelle on se réveille le matin ne varie quasiment pas. Cependant, le simple fait d'aller se coucher un peu plus tôt peut exiger un changement culturel. « Quand on examine les pays qui dorment beaucoup moins, le plus inquiétant n'est pas le réveil, mais ce que font les gens la nuit – dînent-ils copieusement à 22 heures, doivent-ils retourner au bureau ? »

Une autre solution consiste à se discipliner quant à l'usage du téléphone et de l'ordinateur, à ne pas les utiliser au lit, car la lumière bleue a un effet négatif sur la mélatonine, l'hormone du sommeil.

Je m'aperçois qu'il est minuit passé alors que je tape ces mots. Je ferais mieux d'éteindre mon ordinateur. Et je vais essayer de m'endormir sans regarder mon téléphone.

9

Priorités

Visite dans un foyer de sans-abri

Même quand le monde ne nous terrifie pas ouvertement, la vitesse, le rythme et les distractions de l'existence moderne peuvent constituer une sorte d'assaut mental difficile à identifier. Parfois la vie semble trop complexe, trop déshumanisante, et nous perdons de vue ce qui compte.

Il y a quelques mois, je me suis rendu dans un foyer de sans-abri à Kingston upon Thames, une riche banlieue de Londres dont beaucoup auraient du mal à imaginer qu'elle a un problème de sans-abri.

On m'avait invité pour parler de livres et de santé mentale. L'endroit – le Joel Centre, récompensé par un prix – a pour principe d'offrir aux gens plus qu'un lit pour la nuit. Son credo est « Aider à croire en soi ». Un bénévole m'a expliqué que « les gens qui viennent ici manquent d'autre chose que d'un endroit où dormir, il leur manque une *attache*. C'est ce que nous essayons de leur offrir. Le problème, ce n'est pas de trouver un abri, mais un domicile. Quand on est sans domicile, il nous manque davantage qu'une chambre ». Il a ajouté que travailler ici lui avait fait comprendre de quoi on a « vraiment besoin dans la vie – loin de toute la camelote ».

Ainsi, en plus d'un lit, d'une armoire qui ferme à clé, de l'accès à une machine à laver et à une salle de bains, les pensionnaires peuvent s'asseoir à table avec les autres et manger un repas équilibré par jour. Souvent, les hébergés aident à la cuisine et jouent un rôle actif dans le ménage, le jardinage et la vie du quartier.

Le foyer est à *eux*. Ils en font partie.

Après avoir échangé sur mon expérience des problèmes mentaux, je me suis mis à discuter avec l'homme assis à côté de moi. Nous avions à peu près le même âge. Il avait l'air d'avoir beaucoup vécu, mentalement et physiquement, mais il souriait. Il disait qu'il avait perdu sa maison après une rupture et une dépression qu'il avait tentée de nier, avant de devenir alcoolique. Il m'a raconté que le centre lui avait sauvé la vie. En indiquant la porte, il m'a dit que « dehors » la vie n'avait pas de sens. Il s'y était perdu.

Il trouvait le monde déshumanisant. Mais ici, la vie était simple. « On parle aux gens, on s'assied autour de la table, on travaille pour des trucs qu'on voit. »

C'était le sentiment que m'inspirait l'endroit. Il contenait tout ce dont on a besoin dans la vie. Et éliminait tout ce qui faisait du mal aux pensionnaires – par exemple, l'alcool et la drogue étaient strictement interdits. L'équipe avait beaucoup réfléchi à ce qu'il fallait laisser entrer et – littéralement – laisser à la porte.

Bien que la plupart d'entre nous soient mieux lotis que les pensionnaires du Joel Center, l'éthique du lieu est bonne à adopter. Et faussement simple. Accentuer ce qui nous met de bonne humeur, réduire ce qui nous met de mauvaise humeur, laisser les gens se sentir réellement liés au monde qui les entoure.

C'est à mon avis le plus grand paradoxe du monde moderne. Nous sommes tous connectés les uns aux autres, pourtant nous nous sentons souvent exclus. La surcharge et la complexité croissantes de la vie moderne peuvent créer un sentiment d'isolement.

Ajoutez à cela que nous ne savons pas toujours précisément pourquoi nous nous sentons seuls ou isolés. Cela ne nous aide pas à voir quel est le problème. C'est comme ouvrir un iPhone pour le réparer vous-même. On a parfois l'impression que la société fonctionne sur le modèle d'Apple, comme si elle ne voulait pas qu'on prenne un tournevis pour regarder à l'intérieur et comprendre le problème par nous-mêmes. C'est pourtant ce que nous devons faire. Car souvent identifier un problème, en avoir conscience, devient la solution.

Foules solitaires

Voici le paradoxe de la vie moderne : nous n'avons jamais été aussi connectés et nous n'avons jamais été aussi seuls. La voiture a remplacé le bus. Le travail chez soi (ou le chômage) a remplacé l'atelier d'usine et, de plus en plus, le bureau. La télé a remplacé le music-hall. Netflix devient le nouveau cinéma. Les réseaux sociaux remplacent le pub. Twitter remplace la machine à café. L'individualisme remplace le collectivisme, la communauté. Nous avons de moins en moins de conversations en face-à-face, de plus en plus d'interactions avec des avatars.

L'être humain est une créature sociale. Selon les termes de George Monbiot, nous sommes « l'abeille mammifère ». Mais notre ruche s'est fondamentalement transformée.

J'ai remarqué qu'au fil des ans le nombre de mes amis virtuels augmente, tandis que celui des amis que je vois dans la vraie vie diminue.

J'ai décidé de changer cela. Je fais un effort pour sortir avec des amis au moins une fois par semaine, et je me sens mieux.

Je n'ai pas la nostalgie du vinyle ou du CD, mais j'ai la nostalgie du contact en face-à-face. Pas par Facetime. Pas par

Skype. Parler à quelqu'un, dans les éléments, avec seulement de l'air entre vous. À la maison, j'essaie de poser mon ordinateur pour parler à mes enfants, afin qu'ils n'aient pas le sentiment d'avoir eu moins d'importance qu'un MacBook Pro. J'essaie de ne pas annuler des rendez-vous avec des amis par pure paresse.

Cela demande un effort. C'est vraiment dur. Il y a des jours où il me paraît plus facile de convaincre la Corée du Nord d'abandonner son programme nucléaire que de me persuader de ne pas consulter les réseaux sociaux dix-sept fois avant le petit déjeuner.

Socialiser en ligne est *facile*. La météo n'a aucune incidence. On n'a jamais besoin de taxi, porter une chemise repassée. Parfois, c'est merveilleux. C'est souvent merveilleux.

Mais au plus profond de mon âme, je me rends compte qu'un environnement sans odeur, artificiellement éclairé, numérisé, clivant, qui appartient à des entreprises, ne peut pas satisfaire tous mes besoins, pas plus que la nourriture à emporter ne remplace le plaisir de manger dans un bon restaurant. Moi dont l'anxiété confinait autrefois à l'agoraphobie, je me force à passer de plus en plus de temps dans cet endroit chaotique et balayé par le vent que nous appelons encore parfois, romantiquement, *le monde réel.*

Comment se sentir seul

Avez-vous déjà entendu un parent se plaindre que son enfant ait constamment besoin d'être amusé ?

Vous savez : « Quand j'étais petit, je pouvais rester assis à l'arrière de la voiture et me contenter de regarder les nuages et l'herbe par la fenêtre pendant dix-sept heures. Notre petite Misha ne peut pas passer cinq secondes en voiture sans regarder *Alvin et les Chipmunks 17*, jouer avec la tablette ou faire des selfies d'elle en licorne… »

Ce genre de chose.

Il y a un fond de vérité évident. Plus nous sommes stimulés, plus il est facile de s'ennuyer.

Un autre paradoxe.

En théorie, il n'a jamais été plus facile de ne pas se sentir seul. Il y a toujours quelqu'un à qui parler en ligne. Si nous sommes loin des membres de notre famille, nous pouvons les appeler sur Skype. Mais la solitude est avant tout un sentiment. Quand je souffrais de dépression, j'ai eu la chance d'être entouré de gens qui m'aimaient. Pourtant, je ne me suis jamais senti aussi seul.

Je pense que l'écrivaine américaine Edith Wharton est la personne la plus sage qui soit en matière de solitude. Elle pensait que le remède n'était pas d'avoir toujours de la compagnie, mais de trouver un moyen de se satisfaire de sa *propre* compagnie. Ne pas être antisocial, mais ne pas avoir peur de votre propre présence, sans personne d'autre.

Elle pensait que le remède au malheur consistait à « décorer sa maison intérieure si soigneusement qu'on s'y sent satisfait, heureux d'accueillir quiconque veut rester, mais content tout de même quand on est inévitablement seul. »

10

Peurs téléphoniques

Une séance de thérapie en l'an 2049

ROBOT THÉRAPEUTE : Alors, quel est votre problème ?

MON FILS : Je crois que ça remonte à mes parents.

ROBOT THÉRAPEUTE : Vraiment ?

MON FILS : Mon père, plus précisément.

ROBOT THÉRAPEUTE : Quel était le problème ?

MON FILS : Il passait son temps sur son téléphone. J'avais l'impression qu'il se souciait plus de son téléphone que de moi.

ROBOT THÉRAPEUTE : Je suis sûr que ce n'est pas vrai. Beaucoup de personnes de cette génération ignoraient toutes les conséquences de leur usage du téléphone. Ils ne savaient pas à quel point c'était addictif. Souvenez-vous, c'était relativement nouveau à l'époque. Tout le monde le faisait.

MON FILS : Moi, ça me dérangeait. Je me disais : Pourquoi ne me trouve-t-il pas aussi intéressant que son fil Twitter ? Pourquoi préfère-t-il regarder l'écran de son téléphone ? Si seulement je n'avais pas eu l'impression de devoir le distraire pour attirer son attention. Bien sûr, c'était l'époque avant la révolution de 2030.

ROBOT THÉRAPEUTE : Hmmm. Où est votre père, à présent ?

MON FILS : Oh, il est mort en 2027. Écrasé par une voiture sans chauffeur alors qu'il cherchait un gif rigolo.

ROBOT THÉRAPEUTE : Comme c'est triste. Qu'avez-vous fait depuis ?

MON FILS : J'ai investi dans un robot papa. J'ai aussi regardé les hologrammes, mais je voulais un père que je puisse prendre dans mes bras. Je l'ai programmé pour qu'il ne regarde jamais ses notifications. Il est là quand j'ai besoin de lui.

ROBOT THÉRAPEUTE : Je suis ravi de l'apprendre.

Comment posséder un Smartphone tout en restant un être humain fonctionnel

1. N'ayez pas la sensation que vous devez toujours être là. À l'époque pas si lointaine des lettres et des téléphones fixes, contacter quelqu'un était lent, aléatoire et demandait un effort. À l'ère de WhatsApp et de Messenger, c'est gratuit, facile et instantané. L'inconvénient de cette facilité, c'est qu'on attend de nous une présence constante. Que nous répondions au téléphone. Que nous répondions aux textos. Aux e-mails. Que nous mettions à jour notre profil. Mais nous pouvons choisir de ne pas éprouver cette nécessité. Parfois, on peut juste *les laisser attendre*. On peut prendre le risque que notre profil ne soit pas de première fraîcheur. Et si nos amis sont de vrais amis, ils comprendront quand nous avons besoin de recul. Et si ce ne sont pas des amis, pourquoi prendre la peine de leur répondre ?

2. Désactivez les notifications. C'est essentiel. Cela me sauve (tout juste) de la folie. Toutes les notifications. Vous n'avez besoin d'aucune. Reprenez le contrôle.

3. Dans la journée, passez des moments éloigné de votre téléphone. OK, je ne suis pas très fort là-dessus. Mais je

m'améliore. Personne n'a tout le temps besoin de son téléphone. Nous n'en avons pas besoin au lit. Nous n'en avons pas besoin à table, à la maison. Nous n'en avons pas besoin quand nous allons courir. Voici ce que je fais maintenant : je sors me promener sans mon téléphone. Je sais que c'est ridicule de présenter ça comme une grande réussite, mais pour moi c'en est une. C'est comme l'exercice. Ça demande des efforts.

4. Ne vérifiez pas si vous avez des textos toutes les deux minutes. Entraînez-vous à ne pas le faire même si vous en éprouvez le besoin.

5. Ne laissez pas la batterie restante dicter votre niveau d'anxiété.

6. N'insultez pas votre téléphone. Ne suppliez pas votre téléphone. Ne négociez pas avec votre téléphone. Ne jetez pas votre téléphone à travers la pièce. Il est indifférent à vos sentiments. Si le téléphone ne capte pas, ce n'est pas parce qu'il vous déteste. C'est parce que c'est un objet inanimé. Bref, c'est un téléphone.

7. Ne posez pas votre téléphone à côté du lit. Ce n'est pas un jugement. La plupart des gens dorment à côté de leur téléphone parce qu'il a remplacé le réveil. La plupart du temps, je dors avec mon téléphone près de mon lit. Mes parents dorment avec leur téléphone près de leur lit. Tout le monde dort avec son téléphone près de son lit. Peut-être qu'un jour notre lit *sera* notre téléphone. Mais j'ai l'impression de mieux dormir quand mon téléphone est loin de mon lit. Dans une autre pièce, ou à l'autre bout de la pièce. Je sais que ça paraît irréaliste. Mais il est bon d'avoir une aspiration. Fantasmer le jour où nous serons assez forts pour ne pas avoir besoin de notre téléphone

à côté du lit. Comme dans l'ancien temps. Le XIXe siècle. Le XXe siècle. 2006.

8. Pratiquez le minimalisme en matière d'applications. Une surcharge d'applications et d'options augmente le choix mais aussi le stress de l'usage du téléphone. Nous disposons d'un éventail infini d'options que nous pouvons ajouter à nos téléphones. Mais davantage de choix signifie davantage de décisions et davantage de stress. Vous êtes né sans aucune application sur votre téléphone. Hé! Vous savez quoi? Vous êtes né sans téléphone. Et la vie était belle aussi.

9. N'essayez pas d'être multitâche. Notre téléphone peut tout faire, lire des cartes ou accorder notre guitare, et il est tentant d'imaginer que nous pouvons faire autant de choses en même temps. Par exemple, rien qu'en écrivant ce point j'ai dû m'empêcher de lire mes e-mails, mes textos, et de consulter mes comptes sur les réseaux sociaux. Ça m'a demandé un effort. Selon le neuroscientifique Daniel Levitin, nous ne sommes pas faits pour les tâches multiples qu'Internet nous encourage à pratiquer. « Même si nous avons l'impression d'en faire beaucoup, mener plusieurs tâches de front nous rend moins efficaces, c'est prouvé », écrit-il dans *The Organized Mind: Thinking Straight in the Age of Information Overload.* Les tâches multiples créent un cycle d'addiction à la dopamine en récompensant le cerveau pour sa perte de concentration. Cela peut aussi augmenter le stress et faire baisser le QI. « Au lieu de récolter les fruits d'un effort soutenu, concentré, nous récoltons des récompenses vides pour avoir accompli mille petites tâches enrobées de sucre », conclut Levitin.

10. Acceptez l'incertitude. La tentation de consulter votre téléphone est liée à l'incertitude. C'est ce qui le rend si addictif.

Vous voulez que quelqu'un réponde à votre texto, mais vous ne savez pas s'il l'a fait. Vous voulez vérifier. Vous voulez voir la promesse et le mystère des trois petits cercles qui dansent d'espoir. Vous voulez savoir comment votre photo ou votre statut évolue. Mais pourquoi avons-nous besoin de le savoir maintenant ? Cela ne peut-il pas attendre après votre sieste / réunion / balade / émission télé / repas / rêve éveillé ? Les gens ont-ils vraiment besoin de regarder leur téléphone en réunion, ou pendant un enterrement ? Peut-être que si nous comprenions que consulter son téléphone n'est jamais pleinement satisfaisant, nous ne le ferions pas. Car l'incertitude n'a pas de fin. Il n'y a pas de dernière consultation de votre téléphone. Pensez à toutes les fois où vous l'avez regardé hier. Aviez-vous *vraiment* besoin de le faire autant de fois ? J'ai beaucoup diminué, mais j'ai encore du chemin à parcourir. Combien de fois par jour touchez-vous votre téléphone ? Combien de fois le regardez-vous ? C'est peut-être difficile à compter. La réponse est peut-être plusieurs centaines. Parfois je me dis : Imagine que tu ne regardes ton téléphone que cinq fois par jour. Quelle catastrophe se produirait ?

Halo

Petit, j'étais fasciné par le halo des fenêtres et des lampadaires. Depuis la lunette arrière de la voiture, je fixais la lueur rose des fenêtres à travers les rideaux rouges, pareille à la poitrine d'ET, et je me demandais ce qui se passait à l'intérieur. Quelque chose dans le halo de la lumière artificielle me fascine. Quand j'avais huit ans – en 1983 – mes parents avaient un vieux guide de voyage appelé *Découvrez l'Amérique*, avec une double image du Strip de Las Vegas la nuit. « Je veux aller *là* », ai-je annoncé à ma mère, à son grand déplaisir. Elle ne m'y a jamais emmené.

« Il est tard », dis-je à Andrea.

Nous lisons un peu, puis nous éteignons la lumière, toujours plus tard que nous ne devrions. Chaque fois, j'imagine le carré de lumière de notre fenêtre devenir noir pour ceux qui marchent dehors.

« Bonne nuit, dit Andrea.

– Bonne nuit. »

Il est minuit passé et la pièce est sombre, à part le halo d'un téléphone.

« Matt, tu vas dormir ?
– J'essaye. Mon esprit tourne en rond.
– Tu devrais poser ton téléphone.
– C'est juste que j'ai des acouphènes. Ça me distrait.
– Eh ben ça m'empêche de dormir.
– D'accord, pardon. Je pose mon téléphone.
– Tu sais ce qui va se passer si tu ne dors pas bien la nuit.
– Je sais. Bonne nuit… »

Je ferme les yeux, mille inquiétudes tournent encore dans ma tête, attirant mon attention comme les panneaux lumineux de Las Vegas, elles teintent mes rêves et attendent de se dissoudre dans la lumière du jour.

Comment sortir du lit

1. Se réveiller.
2. Prendre son téléphone.
3. Fixer son téléphone pendant soixante-douze minutes.
4. Soupirer.
5. Sortir du lit.

De temps à autre, essayez de sauter les étapes 2 à 4.

Un problème dans votre poche

Tandis que j'écrivais ce livre, début 2018, *The Observer* m'a demandé de participer à un article dans lequel plusieurs auteurs posaient des questions à la romancière et essayiste Zadie Smith. J'ai saisi cette opportunité, en partie parce que j'avais aperçu Zadie Smith à plusieurs fêtes littéraires alors que je venais d'être publié et que, rendu muet, paralysé par l'anxiété, je n'avais pas osé aller lui parler.

J'avais lu qu'elle était sceptique face aux réseaux sociaux et qu'elle tenait à son « droit à avoir tort ». Je lui ai donc demandé : « Vous inquiétez-vous de ce que les réseaux sociaux font à la société ? »

Elle n'a pas mâché ses mots, commençant par une critique des Smartphones.

« Je ne supporte pas les téléphones et je n'en veux pas dans ma vie, sous aucune forme. Ils me rendent anxieuse, déprimée, morte à l'intérieur, désaxée. Mais je soutiens totalement ceux qui les trouvent merveilleux et qui estiment qu'ils sont un sérieux atout pour leur existence. »

Bien qu'elle se définisse elle-même comme une « abstinente luddiste », Smith pense que le moment est venu d'examiner la manière dont nous utilisons cette technologie. « Quel effet a ce petit appareil dans votre poche sur vos rapports intimes avec les autres ? demande-t-elle. Sur votre comportement en tant que citoyen vivant en société ? Peut-être aucun ! Peut-être qu'il n'y a aucun problème. Mais peut-être pas... En avons-nous besoin à côté de notre oreiller, la nuit ? Un enfant de sept ans a-t-il besoin d'un téléphone ? Voulons-nous transmettre notre propre dépendance, notre obsession ? Il faut bien y réfléchir. Nous ne pouvons pas laisser les entreprises technologiques décider pour nous. »

J'utilise beaucoup plus mon téléphone que Smith, mais malgré cela – ou peut-être pour cela – je partage nombre de ses inquiétudes. Certains signes montrent que même ceux qui travaillent pour les entreprises technologiques s'inquiètent, ce qui signifie que nous devrions nous inquiéter encore plus de savoir où nous mènent ces firmes incroyablement puissantes. Par exemple, il est bien connu – du moins depuis que le *New York Times* l'a révélé en 2011 – que nombre d'employés d'Apple et de Yahoo! choisissent d'envoyer leurs enfants dans des écoles qui rejettent la technologie, comme la Waldorf School of the Peninsula à Los Altos.

De nombreux employés de ces entreprises ont dénoncé ce qu'ils avaient contribué à créer. L'homme qui a inventé le bouton « Like » sur Facebook, Justin Rosenstein, a déclaré que la technologie est tellement addictive que son téléphone a le contrôle parental pour l'empêcher de télécharger des applications et restreindre son usage des réseaux sociaux. D'ailleurs, il est intéressant de noter que la fonction « Like » de Facebook est également ce qui aide les collecteurs de données à comprendre qui nous sommes. Nos préférences en ligne révèlent tout, depuis notre orientation sexuelle jusqu'à nos opinions politiques, et peuvent être collectées pour nous influencer, comme on l'a vu avec le scandale de Cambridge Analytica en 2018, où cinquante millions d'utilisateurs Facebook auraient vu leurs données détournées par l'entreprise britannique qui aide les marchands et les groupes politiques à « modifier le comportement du public ».

« Il est très fréquent que les humains développent avec les meilleures intentions quelque chose qui a des conséquences négatives inattendues, a déclaré Rosenstein au *Guardian* en 2017, tel un Dr Frankenstein des temps modernes. Tout le monde est distrait, tout le temps. »

Deux des créateurs de Twitter ont exprimé des regrets similaires. Ev Williams – qui a démissionné du poste de P-DG en 2010 – a déclaré en 2017 au *New York Times* qu'il était mécontent que Twitter ait aidé Donald Trump à devenir président. « Le rôle de Twitter dans cette affaire est une très mauvaise chose. »

Un autre cofondateur de Twitter, Biz Stone, a des différents regrets. Dans une interview à *Inc.*, il affirme que le réseau a pris un mauvais tournant en permettant aux utilisateurs d'identifier des inconnus dans leurs publications, car cela crée un environnement propice au harcèlement. Selon Buzzfeed, un autre employé aurait appelé Twitter « un piège à connards ».

Début 2018, Tim Cook – P-DG d'Apple – a déclaré à un groupe d'étudiants d'Essex, en Angleterre, que selon lui les enfants (comme son neveu) ne devraient pas utiliser les réseaux sociaux, ni même trop utiliser la technologie, ce qui prouve qu'il ne s'agit pas simplement d'une inquiétude de «luddiste».

Un groupe d'anciens employés des firmes technologiques est allé plus loin en créant le Center for Humane Technology, qui vise à «réaligner la technologie avec les intérêts de l'humanité» et à enrayer la «crise d'attention numérique».

Aujourd'hui, enfin, des membres de la communauté technologique se rassemblent pour affronter ces questions. Par exemple, en 2018, une conférence à Washington intitulée «Truth About Tech» (la Vérité sur la Technologie) a rassemblé l'ancien «éthicien» de Google, aujourd'hui lanceur d'alerte, Tristan Harris, et l'ancien investisseur de Facebook Roger McNamee, ainsi que des politiciens et des membres de lobbies tels que Common Sense Media, qui tentent de combattre l'addiction à la technologie chez les jeunes. De nombreuses questions ont été soulevées, notamment la manière dont Gmail «pirate» notre esprit, comment Snapchat exploite les amitiés adolescentes pour nourrir l'addiction à travers des fonctions telles que «Snapchat streaks» où les utilisateurs peuvent voir combien d'interactions par jour ils ont eues avec leurs amis. Selon *The Guardian*, Harris aurait comparé le monde de la technologie au Far West par son esprit «Construis un casino où tu veux», et McNamee l'aurait comparé aux industries du tabac ou de l'agroalimentaire du passé, qui présentaient les cigarettes comme étant bonnes pour la santé ou qui omettaient de préciser que leurs repas préparés étaient bourrés de sel. La différence avec l'addiction aux cigarettes, c'est que les cigarettes ne savaient rien sur nous. Elles ne récoltaient pas nos informations personnelles. Elles ne pouvaient pas nous connaître mieux que notre propre famille. Car Internet peut tout savoir sur nous. Qui sont nos amis, nos goûts musicaux, nos problèmes de santé, notre vie amoureuse, nos opinions politiques – et les compagnies d'Internet peuvent continuer d'utiliser ces informations pour rendre leurs produits encore plus addictifs. Or pour le moment, nous avertissent ceux qui connaissent le monde de la technologie, il n'y a guère de lois pour les arrêter.

Un nombre croissant de recherches corroborent ces inquiétudes. Par exemple, des études montrent que la technologie contribue à un « état perpétuel d'attention partielle » et qu'elle peut être addictive. Une étude de 2017 de la McCombs School of Business de l'université du Texas a démontré que la seule présence de votre Smartphone pouvait réduire votre « capacité cognitive ».

À l'heure où j'écris, l'addiction au Smartphone ou aux réseaux sociaux n'est pas officiellement reconnue comme un trouble psychologique, même si le fait que l'Organisation mondiale de la santé classe à présent l'addiction aux jeux vidéo comme un trouble mental officiel suggère que l'on comprend de mieux en mieux que la technologie peut affecter notre santé mentale. Mais cette prise de conscience a encore du chemin à faire, et elle a une longueur de retard sur la vitesse vertigineuse du progrès technologique.

Cependant, la pression monte. En 2018, par exemple, CNN a révélé que le puissant Unilever avait menacé de retirer ses publicités de Facebook et Google si ces entreprises ne luttaient pas contre les problèmes graves – notamment les questions de vie privée, de contenu tendancieux et le manque de protection pour les enfants – qui « érodent la confiance sociale, font du mal aux utilisateurs et affaiblissent la démocratie ». On a de plus en plus conscience que le pouvoir des entreprises technologiques doit s'accompagner de grandes responsabilités, comme dirait Spiderman. Cependant, on peut se demander quelle responsabilité elles prendront sans de véritables pressions sociales et financières comme celle-ci. De même que pour le fast-food, les cigarettes ou l'industrie de l'armement, les entreprises qui tirent profit de quelque chose seront les plus réticentes à prendre acte des problèmes potentiels. Aussi, quand ceux qui travaillent pour elles sonnent l'alarme, nous devrions vraiment les écouter.

11
Le détective du désespoir

« Je veux de ces fragments étayer mes ruines. »

T. S. Eliot, *La Terre vaine*[1]

1. T. S. Eliot, *Poésie* (traduction de Pierre Leyris), Paris, Le Seuil, 1947.

Conscience

Quand je suis tombé malade, à l'âge de vingt-quatre ans – quand je me suis « effondré » –, le monde est devenu plus vif. C'était douloureux. Les ombres se sont faites plus lourdes, les nuages plus gris, la musique plus forte. J'étais plus attentif à tout ce que j'ignorais auparavant. J'ai remarqué ce qui faisait que je me sentais moins bien dans le monde moderne. Qui fait sans doute que beaucoup d'entre nous se sentent moins bien. J'ai ressenti la pression usante de la publicité, la frénésie des foules et de la circulation, la nature étouffante des attentes sociales.

La maladie a beaucoup à apprendre au bien-être.

Mais quand je vais bien, j'oublie ces choses-là. Le truc, c'est de garder cette connaissance. De changer la guérison en prévention. De vivre comme quand je suis malade, sans être malade.

Espoir

Certains facteurs qui affectent notre santé mentale sont d'ordre génétique et tiennent à l'alchimie du cerveau de chacun. On ne peut pas faire grand-chose contre notre patrimoine génétique. Le plus intéressant, ce sont les aspects éphémères, les éléments déclencheurs qui changent avec le temps et la société. Sur eux, nous pouvons agir.

Certes, d'autres époques ont connu leurs propres crises de santé mentale. Mais savoir cela ne doit pas nous rendre complaisants envers notre propre culture.

La bonne nouvelle, ce qui nous libère, c'est que si notre anxiété est en partie le produit de notre culture, *nous pouvons agir dessus en changeant notre réaction face à cette culture*. En fait, nous n'avons même pas besoin de changer activement. Il peut suffire d'être conscient.

Pour notre esprit, la conscience est souvent la solution.

Le détective du désespoir

Je pense que le monde sera toujours en bazar. Je serai toujours en bazar. Vous aussi peut-être. Mais – et c'est tout pour moi – je pense qu'il est possible d'être un bazar heureux. Ou du moins, un bazar moins malheureux. Un bazar qui *tient le coup*.

« Dans tout chaos il y a un cosmos, dans tout désordre un ordre secret », disait Carl Jung.

Le désordre n'est pas un problème. Comme vous vous en serez aperçus, j'essaie de parler du chaos du monde et du chaos des esprits en écrivant un livre délibérément chaotique. En tout cas, c'est mon excuse. Des fragments dont j'espère qu'ils forment un tout. J'espère que tout ça a du sens. Ou du moins, j'espère que ça n'a pas de sens d'une manière qui vous fera réfléchir.

Le problème n'est pas que le monde soit chaotique, mais que nous attendons qu'il soit autrement. On nous donne la sensation d'avoir le contrôle. Que nous pouvons aller partout, être tout. Que dans un monde de choix, nous pouvons grâce au libre arbitre décider non seulement où aller en ligne, quoi regarder à la télévision, quelle recette suivre parmi des millions de recettes, mais aussi ce que nous ressentons. Ainsi, quand nous n'éprouvons pas ce que nous voulons ou nous attendons à éprouver, nous sommes désorientés, déçus. Pourquoi ne suis-je pas heureux alors que j'ai autant de choix ? Pourquoi suis-je triste et inquiet alors que je n'ai aucune raison d'être triste et inquiet ?

La vérité est qu'au début, quand je suis tombé malade, j'ignorais complètement ce que j'avais ou ce qui le déclenchait. Je ne comprenais absolument pas l'enfer que je voulais fuir, je voulais juste le fuir. Si votre jambe est en feu, vous ignorez la température des flammes. Vous savez seulement que vous avez mal.

Plus tard, les médecins m'ont proposé des étiquettes. « Trouble panique », « trouble d'anxiété généralisé » et « dépression ». Ces étiquettes étaient inquiétantes, mais elles avaient leur importance, car elles me donnaient une base de travail. Grâce à elles, j'ai cessé de me sentir tel un extraterrestre. J'étais un être humain qui souffrait d'une maladie humaine dont souffraient d'autres humains – des millions d'humains –, qui l'avaient pour la plupart surmontée ou avaient appris à vivre avec.

Même quand j'ai su le nom des maladies que j'avais, je croyais que toutes avaient leurs origines en moi. Elles étaient là, comme le Grand Canyon est là, une partie intégrante de ma géographie mentale à laquelle je ne pouvais rien faire.

Je ne pourrais plus jamais apprécier la musique. La nourriture. Les livres. La conversation. La lumière du soleil. Le cinéma. Les vacances. Rien. J'étais pourri jusqu'au trognon, comme, comme, comme (il n'y a jamais assez de métaphores pour la dépression), comme un arbre malade. Un arbre malade à qui sa copine et ses parents répètent: «Tu iras mieux. On va trouver un moyen pour que tu ailles mieux.»

Bien sûr, il existait plusieurs remèdes. J'ai essayé le diazépam que m'a prescrit un médecin. J'ai essayé les différentes teintures que m'ont prescrites des homéopathes. J'ai suivi les recommandations de mes amis et de ma famille. J'ai essayé le millepertuis et l'huile de lavande. J'ai essayé les somnifères. J'ai essayé les lignes d'écoute. Puis j'ai cessé d'essayer. J'ai connu l'enfer sous diazépam, et pire encore en essayant d'arrêter le diazépam. J'aurais probablement dû essayer d'autres médicaments, mais – jugez-moi si vous voulez – je ne l'ai pas fait. Je ne pensais pas rationnellement. La situation était compliquée, j'avais peur – j'entends par là que j'étais terrifié comme je ne l'avais jamais été – d'essayer de nouveaux médicaments, de demander de nouveaux conseils car rien n'avait fonctionné.

Quand j'ai écrit cela dans *Rester en vie*, plusieurs personnes ont pensé que je me prononçais contre les médicaments. Je dis donc ici, aussi clairement que possible: je ne suis pas contre les médicaments. Certes, il existe toutes sortes de problèmes liés à l'industrie pharmaceutique et la recherche scientifique est toujours en cours (ce qui est dans la nature de la recherche scientifique), mais je sais que les médicaments ont sauvé la vie de nombreuses personnes. Des gens que je connais affirment qu'ils n'auraient pas survécu sans. Je crois aussi qu'il existe certainement des médicaments qui auraient pu m'aider, mais je ne les ai pas trouvés. Je ne pense pas que les comprimés constituent une solution *totale*. Je suis convaincu que certains médicaments mal prescrits peuvent empirer l'état des patients, mais c'est la même chose pour tout. On peut vous prescrire un mauvais traitement pour votre arthrite ou votre maladie cardiaque. Dire que les médicaments ne sont pas la seule solution relève du bon sens. C'est souvent le cas. Si vous souffrez d'arthrite, le yoga, la natation et la chaleur peuvent vous aider, de même que les médicaments peuvent vous aider. L'un n'exclut pas l'autre. Nous devons trouver ce qui fonctionne pour nous. Et puis, pour ma part, j'étais traumatisé, je n'arrivais pas à penser correctement.

À l'époque, essayer des remèdes qui ne fonctionnaient pas ne faisait qu'empirer les choses. Comme je l'ai dit, le bon traitement était peut-être sous mes yeux – la parole, les médicaments –, mais je n'ai pas eu la chance de le trouver. Ni le courage de le chercher. La douleur était telle que je parvenais tout juste à rester en vie. Je ne pouvais pas risquer un gramme de différence, voilà ma logique. Chaque jour était une question de vie ou de mort. Non parce que je ne souffrais pas assez pour retourner voir le médecin, mais parce que je souffrais trop. En écrivant cela, je me rends compte à quel point c'est ridicule, mais c'était ma réalité à l'époque. Tout ce que j'avais essayé pour combattre le tumulte dans ma tête avait échoué. Et, pour être honnête, les médecins que j'avais rencontrés ne se sont pas montrés très compréhensifs. Je crois sincèrement que beaucoup de choses ont changé depuis le début du siècle.

Quoi qu'il en soit, j'étais au fond du puits et je cherchais désespérément une issue, alors que toutes les échappatoires semblaient disparaître.

Comme beaucoup de personnes dans la même situation le découvrent, on récolte les indices comme un détective qui cherche à résoudre un meurtre. Au début, il n'y en avait aucun, du moins je n'en voyais pas. Chaque journée dans ce puits était un enfer. Chaque jour, au cours de ces premières semaines, de ces premiers mois, contenait des moments de douleur émotionnelle si intense qu'ils bloquaient l'espoir. Mais comme j'ai commencé à le comprendre, la douleur, bien qu'intérieure, avait souvent des déclencheurs extérieurs. Je n'avais rien trouvé qui me soulage. Puis j'ai remarqué que certaines choses pouvaient empirer mon état: l'alcool, les cigarettes, la musique forte, la foule. Le monde *entre* en nous. Il entre toujours, quoi que nous fassions. Mais jusqu'à ce que je tombe malade, je n'avais jamais compris comment.

Note à moi-même

Reste calme. Continue. Reste humain. Insiste. Continue à désirer. Continue à te perfectionner. Continue à regarder par la fenêtre. Reste concentré. Reste libre. Continue à ignorer les trolls. Continue à ignorer les fenêtres pop-up et les pensées pop-up. Continue à risquer d'être ridicule. Reste curieux. Reste dans la vérité. Continue à aimer. Continue à t'autoriser le luxe humain de l'erreur. Garde un espace qui est toi et mets une barrière autour. Continue à lire. Continue à écrire. Garde ton téléphone loin de toi. Garde tes esprits quand tout le monde les perd autour de toi. Continue à respirer. Continue à inhaler la vie même.

Continue à te rappeler où le stress peut te mener.

(Continue à te rappeler ce jour au centre commercial.)

Le supermarché de l'angoisse

J'étais au centre commercial, en larmes.

Moi, vingt-quatre ans, entouré d'une foule de gens, de magasins et d'enseignes lumineuses, incapable de supporter ça.

« Non, je n'y arrive pas, murmurais-je, le souffle irrégulier.

– Matt ? »

C'était un test. Aller avec Andrea, ma copine à l'époque, dans la ville près de chez ses parents – Newcastle, au nord de l'Angleterre – pour faire quelques courses. Je n'avais aucune idée de ce que nous devions acheter. Je me concentrais simplement pour y arriver sans subir de crise de panique.

Pour être comme n'importe quelle personne normale.

« Désolé, je ne peux pas, je... »

Me voilà. Pathétique. Un jeune homme. Dans un monde qui m'avait dit – à la télé, sur le terrain de sport à l'école – qu'être un homme voulait dire être *fort*, être *dur*, être *silencieux* face à la douleur, un monde qui me montrait qu'être jeune signifiait s'amuser, être libre dans le pays doré de la jeunesse. Et me voilà, supposément dans la fleur de l'âge, *en train de pleurer pour rien dans un centre commercial.* Bon, ce n'était pas vraiment pour rien. Je pleurais de douleur. Et de terreur. Une douleur et une terreur que je n'avais jamais connues jusqu'à un mois plus tôt, quand je travaillais en Espagne, où j'avais subi une crise de panique qui n'en finissait pas, pour finalement se fondre dans une sensation terrible, indescriptible, de terreur, de malaise et de désespoir qui s'insinuait dans ma chair et dans mes os.

Le désespoir était si fort qu'il avait bien failli me coûter la vie. Il ne semblait y avoir aucune issue. Aussi effrayante que soit la mort, cette terreur vivante semblait pire. Tout le monde a une limite – un point au-delà duquel on ne peut plus rien supporter – et, d'un seul coup, j'avais atteint la mienne.

« Ce n'est pas grave », disait Andrea en me tenant la main. Plutôt une mère ou une infirmière qu'une petite amie à ce moment-là.

« Si, c'est grave. Je suis désolé. Désolé.

– Tu as pris le diazépam ce matin ?

– Oui, mais ça ne fonctionne pas.

– Ça va aller. C'est juste de la panique. »

Juste de la panique.

Son regard inquiet empirait les choses. Je l'avais déjà tant fait souffrir. Il me suffisait de marcher. Marcher, parler, respirer comme un être humain normal. Ce n'était pas la lune. Mais à ce moment-là, ça l'était.

« Je ne peux pas. »

Le visage d'Andrea se durcit. Sa mâchoire se serra, ses lèvres se pincèrent. Elle aussi avait une limite. Elle était en colère *contre* moi et *pour* moi.

« Tu peux le faire.

– Non, Andi, je peux vraiment pas, putain. Tu ne comprends pas. »

Les gens nous regardaient en coin tandis qu'ils nous dépassaient, chargés de sacs.

« Respire. Respire lentement. »

J'essayai d'inspirer profondément, mais l'air peinait à franchir ma gorge.

« Je... je... je... Il n'y a pas d'air. »

Plus tôt dans la journée, je ne me sentais pas aussi mal. Seulement un désespoir inamovible de basse intensité. Dans le bus vers la ville, la peur m'avait envahi, comme si on m'enveloppait lentement dans une couverture irritante.

À présent, tout mon corps frémissait de terreur.

J'étais immobile, planté devant Vision Express, entouré de vie mais pourtant seul. Je commençai à déglutir. À essayer de m'orienter. La déglutition compulsive est l'un des légers TOC que j'avais développés. Cette fois, je voulais que ce symptôme me distraie d'un autre, bien pire. Mais ça ne fonctionnait pas.

Il n'y avait aucun espoir. Aucune issue. La vie, c'était pour les autres.

J'avais tenu le monde éloigné, et maintenant tout s'effondrait. La voix d'Andrea devint une chose lointaine, le dernier espoir qui tentait d'atteindre la personne que je n'étais plus.

On n'a qu'un esprit

Quand je repense à l'expérience du centre commercial – une parmi tant d'autres similaires qui font parfois irruption dans mon esprit comme un flash-back du Vietnam sans la violence –, j'essaie de la disséquer. Je revis le passé pour en tirer les leçons. Pas seulement pour ne plus avoir de crises de panique, mais pour apprendre comment mon esprit interagit avec le monde, comment être moins stressé d'une manière générale.

Le premier problème était que cela s'est produit au tout début de mes crises d'angoisse et de ma dépression. Quand vous souffrez d'une maladie mentale pour la première fois, vous imaginez que votre vie sera comme ça pour toujours. Que vous souffrirez éternellement de dépression ponctuée de crises de panique. C'était terrifiant. Un sentiment de claustrophobie. Il ne semblait y avoir aucune issue.

Le deuxième problème était que j'ignorais encore comment gérer les crises de panique. Il me faudrait des années pour l'apprendre.

Le troisième problème était que je ne comprenais pas le rapport entre l'intérieur et l'extérieur. J'ignorais encore à quel point ce que l'on ressent est lié à l'endroit où l'on est. J'ignorais que le monde des magasins, des soldes et du marketing n'est pas toujours bon pour l'esprit. Ces dernières années, de nombreuses recherches ont été menées sur les effets de l'environnement extérieur sur notre santé. Par exemple, une étude de 2013 commandée par l'association Mind et menée par l'université d'Essex a comparé le fait de marcher dans un centre commercial avec une balade dans le parc de Belhus Woods, dans l'Essex. Bien que la marche soit bonne pour l'esprit – en intérieur comme en extérieur –, 44 % des personnes qui marchaient dans un centre commercial affirmaient éprouver une plus faible estime de soi. Tandis que presque tous ceux qui allaient marcher en forêt (90 %) sentaient leur estime de soi augmenter. De plus en plus de recherches similaires sont menées sur les bienfaits de la nature pour notre esprit, j'y reviendrai. Mais à l'époque, j'ignorais tout cela. En effet, la plupart de ces études n'avaient pas été réalisées.

Il paraît logique qu'un centre commercial ne soit pas un endroit confortable. Il s'agit d'un environnement délibérément stimulant, conçu non pour calmer ou réconforter, mais pour nous pousser à dépenser de l'argent. L'anxiété étant souvent un élément déclencheur de la consommation, il n'est pas dans l'intérêt des galeries marchandes que nous nous sentions calmes et satisfaits. Dans une vision commerciale, le calme et la satisfaction est ce que nous atteignons en *achetant*. Pas quelque chose qui existe déjà.

Le quatrième problème était la culpabilité. Je me sentais coupable de symptômes que je ne liais pas nécessairement à une maladie. Je les voyais comme les symptômes du fait d'être moi.

Une autre leçon que je suis toujours en train d'apprendre – et écrire ce livre m'y aide –, c'est que la distraction ne fonctionne pas et n'a jamais fonctionné. Les centres commerciaux offrent de nombreuses distractions, mais celles-ci ne me faisaient pas sortir de moi, elles me renfermaient. Les foules agitées ne m'aidaient pas à entrer en contact avec l'humanité. Je me sentais plus seul parmi une foule qu'accompagné d'une seule personne, voire de moi-même.

La tactique m'était déjà familière : me distraire d'un tourment par un autre. Des années avant Twitter et la consultation compulsive, anesthésiante, des réseaux sociaux, j'avais désespérément besoin de distractions. Mais cela ne servait à rien. On aggrave les symptômes en les combattant au lieu de les accepter. La distraction est une tentative de fuite qui fonctionne rarement. On n'éteint pas un incendie en ignorant les flammes. Il faut prendre acte du feu. On ne peut pas cesser de souffrir en déglutissant compulsivement, en twittant ou en buvant. Il y a un moment où il faut faire face. Se faire face à soi-même. Dans un monde avec un million de distractions, nous n'avons toujours qu'un seul esprit.

Les mannequins qui font souffrir

Quand je repense à cette crise de panique, je repense à la manière dont le monde est entré en moi. Sur le moment, j'avais une idée instinctive – quoique pas entièrement consciente – des éléments déclencheurs autour de moi. Les mannequins d'un magasin on ajouté leur pierre.

J'étais là, dans cet espace commercial artificiel, fermé, bondé. Au-delà du point de non-retour. Ma singularité personnelle. En regardant Andrea, j'ai su que j'avais entamé le processus désormais familier de gâcher notre journée.

J'ai fermé les yeux pour m'extraire du centre commercial, mais je n'ai rien vu que des monstres et des démons, une banque mentale de créatures et d'images pires que toutes les hydres et tous les cyclopes – un monde souterrain personnel qu'il me suffisait de cligner des yeux pour retrouver.

« Allez, tu peux le faire. Respire lentement. »

J'ai essayé de faire ce qu'elle me disait, respirer lentement, mais l'air ne ressemblait pas à de l'air. Il ne ressemblait à rien. Moi-même, je ne ressemblais à rien.

Je me suis frotté les yeux.

En face de Vision Express se trouvait un magasin de vêtements. Je ne me rappelle pas lequel. Mais ce dont je me souviens, gravé dans mon esprit par le poids du traumatisme, c'est qu'il y avait des mannequins en robe dans la vitrine. Ceux avec une tête. Des têtes grises, sans cheveux, dont les traits évoquent un nez et des yeux abstraits, mais pas de bouche. Ces mannequins se tenaient dans des poses impossibles.

Ils me semblaient profondément malveillants. Comme s'il s'agissait d'êtres sensibles qui non seulement avaient conscience de ma douleur, mais y participaient. Ils en étaient *responsables*.

Ce sentiment allait être l'une des principales caractéristiques de mon angoisse et de ma dépression au cours des mois et des années suivantes. Cette sensation que certaines parties du monde contenaient une malveillance extérieure secrète capable de m'infliger une douleur désespérante. Il pouvait s'agir d'un visage souriant en couverture d'un magazine. Le regard rouge diabolique des feux arrière d'une voiture. Le halo bleu trop vif d'un écran d'ordinateur.

Et, oui, il pouvait s'agir du sinistre écho d'humanité d'un mannequin de magasin.

Un jour, quand je serais prêt à affronter ma douleur, cette sensation d'extrême sensibilité allait m'aider. Elle me permettrait de comprendre que si des choses extérieures pouvaient avoir un impact négatif, d'autres pouvaient avoir un impact positif. Mais sur le moment, j'avais peur d'être en train de devenir fou.

J'étais persuadé que je n'étais pas fait pour la réalité du monde. D'un certain côté, j'avais raison. Je n'étais pas fait *pour* le monde. Comme tout un chacun, j'étais fait *par* le monde. J'étais fait par mes parents, la culture, la télé, les livres, la politique, l'école, peut-être même par les centres commerciaux.

Il me fallait donc un nouveau moi. Ou une nouvelle planète. J'ignorais comment trouver l'un ou l'autre. C'est pour cela que j'étais suicidaire.

« Il faut que je sorte de là », ai-je dit, m'essuyant les yeux comme un enfant perdu dans un supermarché.

« Là » était assez vaste pour signifier n'importe quoi depuis « ma tête » jusqu'à « la planète ». Plus immédiatement, bien sûr, il s'agissait du centre commercial.

« D'accord, d'accord, d'accord », a dit Andrea.

Elle se tenait juste à côté de moi. À des milliers de kilomètres. Elle chercha la sortie la plus proche.

« Par ici. »

Nous sommes sortis, dans la lumière naturelle. Nous sommes rentrés chez elle, je me suis allongé sur son lit d'enfant et j'ai dit à ses parents que j'avais un peu mal à la tête, car une migraine était plus facile à comprendre que ce cyclone invisible. J'ai éprouvé divers degrés de mal-être pendant des semaines, des mois, mais j'ai fini par m'en remettre. Et, encore mieux, à comprendre.

Un souhait

Je souhaiterais pouvoir expliquer quelque chose à mon « moi » plus jeune. Je souhaiterais pouvoir me dire que tout n'était pas ma faute. J'aimerais pouvoir dire qu'il y avait quelque chose à faire. Car mon angoisse et ma dépression n'étaient pas juste *là*. La maladie, comme une blessure, a souvent un contexte.

Quand je tombe dans un état d'esprit frénétique ou désespérant, envahi de pensées malvenues qui ne ralentissent pas, c'est souvent le résultat d'une séquence d'événements. Quand j'en fais trop, que je bois trop, que j'absorbe trop, que je mange mal, que je dors trop peu, que je travaille trop, que je me laisse trop brûler par la vie, ça arrive.

Une déchirure musculaire répétée de l'esprit.

Comment exister au XXIe siècle sans avoir une crise de panique

1. Surveillez-vous. Soyez votre propre ami. Soyez votre propre parent. Soyez gentil avec vous-même. Analysez ce que vous faites. Avez-vous besoin de regarder le dernier épisode de la série à minuit passé ? Avez-vous besoin de ce troisième ou quatrième verre de vin ? Est-ce vraiment dans votre intérêt ?

2. Désencombrez votre esprit. La panique est le résultat de la surcharge. Dans un monde en surcharge, nous avons besoin d'un filtre. Nous avons besoin de simplifier les choses. Parfois, nous avons besoin de déconnecter. De ne pas regarder fixement notre téléphone. D'avoir des moments où nous ne pensons pas au travail. Une sorte de feng shui mental.

3. Écoutez du bruit calme. Des choses pas aussi stimulantes que la musique. Les vagues, votre respiration, le vent dans les feuilles, le ronronnement d'un chat ou, mieux que tout : *la pluie.*

4. Laissez couler. Si vous sentez la panique monter, votre réaction instinctive est de paniquer davantage. Paniquer *à cause* de la panique. La méta-panique. Le truc, c'est d'essayer d'éprouver la panique sans paniquer *à cause* d'elle. C'est

presque impossible, mais pas entièrement. J'ai souffert de trouble panique – une affection caractérisée par de fréquentes crises de panique et une terreur constante de la prochaine. Après avoir connu des centaines de crises, j'ai commencé à me dire que je les désirais. Évidemment, ce n'était pas vrai. Mais je travaillais dur pour essayer d'inviter la panique – un test pour voir si je tiendrais le coup. Plus je l'invitais, moins j'avais envie qu'elle reste.

5. Acceptez vos sentiments. Et acceptez qu'ils ne soient que ça : des sentiments.

6. Ne prenez pas la vie à la gorge. « La vie doit être touchée, pas étranglée », disait l'écrivain Ray Bradbury.

7. Ce n'est pas grave de relâcher la peur. La peur vous dit qu'elle est nécessaire, qu'elle vous protège. Essayez de l'accepter en tant que sentiment, plutôt que comme une information valable. Bradbury disait aussi : « Il faudrait apprendre à lâcher prise avant d'apprendre à obtenir. »

8. Ayez conscience de l'endroit où vous êtes. Votre environnement est-il surstimulant ? Pouvez-vous aller dans un endroit plus calme ? Pouvez-vous regarder la nature ? Levez les yeux. Dans les centres-villes, le haut des bâtiments est moins intense que les magasins au niveau de nos yeux. Le ciel aide aussi.

9. Étirez-vous, faites de l'exercice. La panique est aussi physique que mentale. La course et le yoga m'ont aidé plus que tout. Surtout le yoga. Mon corps se tend à cause des heures passées sur un ordinateur, mais le yoga le détend.

10. Respirez. Une respiration profonde, pure et douce. Concentrez-vous sur elle. La respiration donne le tempo de votre vie. C'est le rythme de votre chanson. C'est la manière de revenir au cœur des choses. Le centre de vous-même. Quand le

monde veut vous emmener dans tous les sens. C'est la première chose que vous avez appris à faire. La chose la plus simple, la plus essentielle. Avoir conscience de sa respiration, c'est se rappeler qu'on est en vie.

12

Le corps pensant

Quatre humeurs

Autrefois, dans la Grèce antique, les médecins expliquaient le corps humain par les « quatre humeurs ». Chaque état de santé pouvait s'expliquer par un excès ou un manque de l'un des quatre fluides corporels : la bile noire, la bile jaune, le phlegme et le sang.

Chez les Romains, ces quatre humeurs correspondaient à quatre tempéraments. Par exemple, si vous aviez des problèmes de colère, on disait que vous aviez trop de bile jaune, l'humeur du feu. Quand on dit à quelqu'un de « garder la tête froide », on fait écho à des conseils de santé de la Rome antique.

Si vous vous sentiez déprimé, ou mélancolique, c'était dû à un excès de bile noire. En fait, le mot « mélancolie » vient du latin formé par les mots grecs *melas* et *kholé*, qui signifient littéralement « bile noire ».

Ce système nous paraît ridicule et non scientifique. Mais d'une certaine manière, il était évolué. Car il n'opérait pas de distinction entre la santé physique et la santé mentale.

Le philosophe René Descartes est en grande partie responsable de cette distinction. Il pensait que le corps et l'esprit étaient entièrement séparés. Dans les années 1640, il suggéra que le corps fonctionnait comme une machine inconsciente et que l'esprit était immatériel.

L'idée fit mouche. Elle imprègne toujours la société.

Pourtant, cette distinction n'a pas beaucoup de sens.

La santé mentale est intimement liée au corps dans son ensemble. Et le corps est intimement lié à la santé mentale. On ne peut pas davantage tracer une limite entre le corps et l'esprit qu'entre les océans.

Ils sont liés.

L'exercice physique a un effet notoire sur toutes sortes de phénomènes mentaux, de la dépression au trouble du déficit de l'attention. De même, les maladies physiques ont un effet sur le mental. La grippe peut provoquer des hallucinations. Le diagnostic d'un cancer peut nous déprimer. L'asthme peut nous faire paniquer. Une crise cardiaque peut provoquer un traumatisme psychologique. Si vous avez mal au dos – ou des acouphènes, des douleurs abdominales, un système immunitaire déficient, mal au ventre – à cause du stress, s'agit-il d'un problème physique ou mental ?

À mon avis, nous devons cesser de considérer que santé physique et santé mentale s'excluent mutuellement. Il n'y a pas de différence. Nous sommes mentaux. Nous sommes physiques. Nous ne sommes pas divisés en sections isolées. Nous ne sommes pas un grand magasin existentiel. Nous sommes tout à la fois.

Tripes

Le cerveau est physique.

De plus, les pensées ne sont pas le produit de notre seul cerveau. Comme l'écrit le scientifique cognitif Guy Claxton dans *Intelligence in the Flesh*, « le corps, les tripes, les sens, le système immunitaire, le système lymphatique interagissent de manière tellement complexe et instantanée avec le cerveau qu'on ne peut pas tirer un trait sur le cou et dire "au-dessus, c'est intelligent, en-dessous c'est contingent". Nous n'avons pas un corps. Nous *sommes* un corps. »

Il y a aussi la question du « petit cerveau » – un réseau de cent millions de neurones (des cellules nerveuses) dans notre estomac et notre intestin. Certes, c'est loin des quatre-vingt-cinq milliards de neurones que possède notre « premier cerveau », mais ce n'est pas négligeable. Cent millions de neurones, c'est autant que dans la tête d'un chat.

Quand nous avons des « papillons » dans le ventre avant un entretien d'embauche, quand nous avons faim avant de déjeuner, notre « second cerveau » parle à notre premier cerveau.

En d'autres termes, cela signifie que l'idée selon laquelle la « santé mentale » serait distincte de notre entité physique est aussi démodée que la perruque de Descartes.

Pourtant, nous souffrons toujours de cette distinction. Nous séparons le monde du travail entre métiers intellectuels et métiers physiques. Entre les métiers « qualifiés » qui exigent ce que nous considérons généralement comme de l'intelligence et une « bonne éducation », et les métiers « non qualifiés », moins reconnus, souvent du travail manuel. Cols blancs et cols bleus.

Il existe une intelligence du mouvement. Une intelligence de la danse. Une intelligence du sport. Pourtant, nous classifions les gens dès l'école en décidant si quelqu'un est sportif ou scolaire, ou – dans le langage de *Breakfast Club* – un « athlète » ou un « cerveau ». Cela détermine notre carrière, qui débouchera sur un métier manuel moins bien payé, ou un travail mieux payé qui consiste à regarder des tableaux Excel. Nous divisons la culture entre élitiste et populaire. Les livres qui nous font rire ou nous font battre le cœur sont considérés comme ayant moins de valeur que ceux qui nous font « réfléchir ».

Plus on considère la limite que nous traçons entre le corps et l'esprit, moins elle a de sens, pourtant tout notre système de santé repose dessus. Pas seulement la santé. Nous-même, nos sociétés. Il est temps que cela change. Il est temps de réconcilier ces deux parties. Il est temps d'accepter l'humain dans son ensemble.

Une remarque sur la stigmatisation

On ne nous encourage pas à parler de notre santé mentale jusqu'à ce que nous soyons malades, comme si nous devions prétendre être cent pour cent en bonne santé. Le stress n'est pas suffisamment pris au sérieux. Ou bien il est tellement pris au sérieux que les gens ont honte de parler de leurs périodes de mauvaise santé mentale. Dans tous les cas, cela pousse toujours plus de gens à être non seulement stressés, mais malades.

Quand nous tombons malades et que nous pouvons en parler, nous rencontrons une nouvelle forme de stigmatisation.

Trop souvent, on considère la maladie mentale comme le produit de la personne, contrairement aux autres maladies. La maladie mentale étant perçue comme intrinsèquement différente, nous l'évoquons en termes scandalisés. Pensez aux mots que nous utilisons pour la caractériser.

Les journaux et les magazines parlent parfois de célébrités qui « avouent » souffrir de dépression, d'anxiété, de troubles de l'alimentation ou d'addiction, comme si ces choses étaient des crimes. Par ailleurs, les véritables crimes sont souvent expliqués comme les conséquences d'une maladie – les tueries de masse et les abus sexuels sont souvent décrits par les médias dans le contexte de « problèmes mentaux » ou d'« addiction » plutôt que comme du terrorisme ou des crimes sexuels. En réalité, ceux qui souffrent de maladies mentales ont plus de probabilités d'être *victimes* d'un crime.

Nous ne savons pas non plus vraiment parler du suicide. Quand nous l'évoquons, est utilisé en anglais le verbe « commettre », qui a une connotation de tabou, de criminalité, en écho à une époque où c'était effectivement un crime. (Depuis peu, j'essaie de dire « mort par suicide », mais cela fait un peu artificiel.) Beaucoup ont du mal avec l'idée de s'ôter la vie, car cela ressemble à une insulte au monde entier, si l'on considère le suicide comme un choix, personne ne pouvant choisir de mettre un terme à sa vie, cette chose précieuse, sacrée, aussi fragile qu'un œuf. Pour ma part, je ne pense pas que le suicide soit un choix aussi net. On peut le redouter mais s'y sentir acculé à cause de la douleur de vivre. Il n'est donc pas facile d'en parler. Et pourtant il le faut, car une atmosphère de honte et de silence empêche les gens d'obtenir l'aide dont ils ont besoin et peut les rendre encore plus solitaires. Bref, cela peut se révéler fatal.

Le suicide est la première cause de mortalité chez les hommes et les femmes entre vingt et trente-quatre ans. C'est aussi la première cause de mortalité chez les hommes de moins de cinquante ans (du moins dans mon pays, le Royaume-Uni). D'autres pays européens connaissent des statistiques tout aussi sombres. Aux États-Unis, où les armes à feu accentuent ces chiffres déprimants, le suicide est la dixième cause de mortalité tous âges et sexes confondus, bien que, comme en Europe, au Canada et en Australie, les hommes aient trois fois plus de probabilités de se tuer que les femmes. Ces décès sont souvent évitables. C'est pour cela que nous devons ignorer les appels à la « virilité » et trouver une véritable force. La force de parler, pour les hommes comme pour les femmes.

Nos mots traduisent cette honte historique. Par exemple, quand on dit que quelqu'un « lutte avec ses démons », nous évoquons l'idée moyenâgeuse que la folie est l'œuvre du diable.

Et tous ces discours inlassablement répétés sur le courage : il serait bon qu'un jour un personnage public annonce qu'il souffre de dépression sans que les médias emploient des termes comme « incroyable courage » ou « révélation ». Certes, cela part d'une bonne intention. Mais nous ne devrions pas avoir à *avouer* que nous souffrons, par exemple, d'anxiété. Nous devrions simplement pouvoir le dire. C'est une maladie. Comme l'asthme, les oreillons ou la méningite. Ce n'est pas un secret honteux. La honte qu'éprouvent les malades exacerbe les symptômes. Oui, bien sûr, les gens sont souvent courageux. Mais le courage est celui de vivre avec, pas d'en *parler*. Chaque fois qu'on me dit que je suis courageux, j'ai l'impression que je devrais avoir peur.

Imaginez que vous partez tranquillement vous promener dans la forêt et qu'une personne s'approche de vous.

« Où allez-vous ? demande-t-elle.

– Je vais dans la forêt, répondez-vous.

– Wow, s'écrie-t-elle en reculant d'un pas.

– Quoi ? »

Puis une larme se forme au coin de son œil. Elle vous pose une main sur l'épaule.

« Vous êtes tellement courageux.

– Vraiment ?

– Incroyablement courageux. Une véritable source d'inspiration. »

Vous déglutissez, vous pâlissez, découragé à jamais d'aller dans la forêt.

De plus, l'idée toxique selon laquelle les gens partagent leurs problèmes de santé mentale pour recevoir de « l'attention » existe toujours.

Cette attention que recherchent les gens peut sauver des vies.

Mais, comme l'a dit C. S. Lewis : « Les fréquentes tentatives de dissimuler la douleur psychologique augmentent son poids : il est plus facile de dire "J'ai mal aux dents" que "J'ai le cœur brisé". »

Nous devrions œuvrer à faire de ce monde un endroit où il est plus facile de parler de nos problèmes. Parler ne consiste pas seulement à attirer l'attention. Comme l'ont démontré avec succès plusieurs types de thérapie par la parole au cours du dernier siècle, parler peut avoir des vertus curatives. Cela peut alléger les symptômes. Cela soigne celui qui parle et celui qui écoute, car externaliser une douleur interne permet de savoir que d'autres éprouvent la même chose que nous.

N'arrêtez jamais de parler.

Ne laissez jamais les autres vous faire sentir que c'est une faiblesse ou un défaut d'avoir des problèmes de santé mentale.

Si vous souffrez par exemple d'anxiété, vous savez que ce n'est pas une faiblesse. Vivre avec l'anxiété, se lever et faire des choses avec l'angoisse demande une force que beaucoup ne connaîtront jamais. Il faut arrêter d'identifier le patient à la maladie. Nous avons besoin d'une compréhension plus nuancée des différentes pressions que subissent les gens. Entrer dans un magasin peut être une preuve de force si vous portez un poids invisible d'une tonne.

Tableau des psychogrammes

(pg = psychogramme)

Imaginez qu'on puisse mesurer le poids psychologique tel que nous le ressentons. Cela n'aiderait-il pas à lier le mental et le physique ? Cela ne permettrait-il pas aux gens de comprendre la réalité du stress ? Cela ne nous aiderait-il pas à supporter l'angoisse de la vie moderne ? Voyons un peu. Appelons cette unité imaginaire un *psychogramme*.

« Oh, non, je ne peux pas lire mes e-mails. J'ai atteint ma limite de psychogrammes pour la journée. »

Traverser un centre commercial	1 298 pg
Appel de la banque	182 pg
Entretien d'embauche	458 pg
Regarder les informations	222 pg
Boîte de réception pleine	321pg
Un tweet que personne n'aime	98 pg
Culpabilité de ne pas aller au sport	50 pg
Culpabilité de ne pas avoir appelé sa famille	295 pg

Observer comme vous êtes vieux/gros/fatigué	177 pg
Peur de rater une fête que vous voyez sur les réseaux sociaux	62 pg
S'apercevoir qu'il y a une faute d'orthographe dans votre tweet	82 pg
Un symptôme inquiétant recherché sur Google	672 pg
Devoir prononcer un discours	1 328 pg
Regarder des images de corps parfaits que vous n'aurez jamais	488 pg
Se disputer en ligne avec un troll	632 pg
Un rendez-vous bizarre	317 pg
Payer des frais sur une carte de crédit	815 pg
Se rendre compte que c'est lundi et qu'il faut travailler	701 pg
Se faire remplacer par un robot	2 156 pg
Choses que vous auriez aimé faire mais que vous n'avez pas faites	1 293 pg

Note : le poids psychologique peut fluctuer énormément. Les psychogrammes sont une mesure subjective.

13
La fin de la réalité

« … cette collision entre l'image que l'on a de soi et ce que l'on est réellement est toujours très douloureuse, et l'on peut opter pour deux attitudes : vous pouvez faire face à la collision et essayer de devenir ce que vous êtes réellement, ou battre en retraite pour essayer de rester ce que vous croyiez être, ce qui est un fantasme, dans lequel vous péririez certainement. »

James Baldwin,
Personne ne sait mon nom

Je suis ce que je suis

Il faut parfois revenir en arrière pour avancer. Faire face à la douleur. La pire douleur. Depuis peu, je me sens prêt.

Je dois revenir en arrière.

Avant le centre commercial.

Dans une pièce d'une blancheur chirurgicale.

« Qui suis-je ? » ai-je demandé dans le centre de santé espagnol, pendant la phase initiale de mon premier effondrement mental.

Bien sûr, quand je vais bien, que je suis calme, cette question n'est pas aussi effrayante. Qui suis-je ? Il n'y a pas de je. Il n'y a pas de tu. Ou plutôt, il y a un million de je. Un million de tu. « Je » est le plus grand mot du monde.

Derrière chaque tu se cache un autre tu, un autre tu, un autre tu et encore un autre, comme les poupées russes. Existe-t-il un tu de base ? Un moi de base ? Ou bien notre identité n'est-elle pas une poupée russe, mais une spirale sans fin ? L'identité est-elle un univers dont on ne peut jamais atteindre la fin mais qui peut vous ramener à votre point de départ ?

Quand je me sens relativement bien, j'apprécie de philosopher sans but sur de telles questions. Car je suppose qu'il existe un moi clair qui pose les questions. En revanche, quand j'étais malade il ne s'agissait pas seulement de questions abstraites mais de mystères à résoudre désespérément, comme si ma vie en dépendait. Car ma vie en dépendait vraiment. Le sentiment d'être moi avait disparu – il avait été envahi – et j'avais l'impression que *je* avait été pris au piège dans le *je infini*, qu'il flottait en silence dans la panique, sans nulle part où accoster.

Réalité *vs* supermarchés

Les crises de panique se produisent souvent dans les supermarchés.

Je connais quelqu'un qui n'a fait qu'une seule crise de panique dans sa vie. Elle a eu lieu dans un supermarché.

Dans les années 2000, quand j'arpentais les forums à la recherche de conseils pour affronter l'anxiété, les crises de panique au supermarché étaient celles qui revenaient le plus souvent. En ce moment même, je suis un fil de discussion intitulé « POURQUOI LES CRISES DE PANIQUE FRAPPENT-ELLES QUAND VOUS ÊTES AU SUPERMARCHÉ ? »

La panique est là pour nous aider. Comme pour de nombreux animaux, la panique survient quand notre corps et notre esprit nous disent de faire quelque chose. Fuir ou se battre. Fuir le prédateur ou l'affronter. Mais un supermarché n'est pas un ours, un loup ou un guerrier cavernicole. On ne peut pas se battre contre un supermarché. On peut certainement le fuir, mais cela ne fera qu'augmenter vos chances de faire une crise de panique la prochaine fois que vous y entrerez. Il ne s'agit d'ailleurs peut-être pas de ce supermarché. Si vous commencez à jouer le jeu de l'évitement, peut-être tous les supermarchés deviendront-ils des éléments déclencheurs. Puis tous les magasins. Et enfin le monde extérieur. Les gens qui n'ont jamais vécu pendant un temps avec l'anxiété et la panique ne comprennent pas que l'on peut perdre la sensation d'être réel. On la tient pour acquise. On ne se lève pas le matin en se disant, alors qu'on étale du beurre de cacahuète sur sa tartine : « Ah, c'est bien, la sensation d'être moi est intacte, le monde est toujours réel, je peux commencer ma journée. » Cette sensation est là. Jusqu'au jour où elle disparaît. Jusqu'au jour où vous éprouvez une terreur inexplicable au rayon céréales.

Quand j'essaie d'exprimer ce à quoi ressemble une crise de panique, le plus facile est de décrire les symptômes évidents : l'afflux de pensées, les palpitations, la poitrine serrée, l'essoufflement, la nausée, le fourmillement dans le crâne, les bras et les jambes. Mais j'avais aussi un autre symptôme, plus complexe. J'ai compris qu'il a toujours été l'épicentre de mes crises de panique. Il s'appelle, fort justement, *déréalisation.*

Au cœur d'un sentiment de déréalisation, je *savais* que j'étais moi, mais je ne le *sentais* pas. C'était une sensation de désintégration. Comme une sculpture de sable qui s'effrite.

Cette sensation présente un paradoxe : on éprouve à la fois une intensification extrême et un anéantissement du moi. Un sentiment de non-retour, comme si vous aviez perdu quelque chose que vous ignoriez devoir chercher, et que cette chose était vous.

Je pense que les supermarchés sont un élément déclencheur car ils sont déjà *déréalisés.* Les supermarchés et les centres commerciaux sont des endroits parfaitement non naturels. Ils peuvent paraître démodés, presque vieillots à l'ère des achats en ligne, mais ils sont bien plus modernes que notre morphologie.

La lumière n'y est pas naturelle. Le bourdonnement des réfrigérateurs ressemble à la bande-son menaçante d'un film d'horreur avant-gardiste. L'abondance de choix dépasse ce que nous pouvons normalement supporter. La foule et les rayons sont hyperstimulants. Bon nombre des produits eux-mêmes ne sont pas naturels. Pas seulement parce que la plupart contiennent des additifs chimiques. Mais parce qu'ils ont été manipulés. Les conserves de poisson, les sachets de salade, les boîtes de riz soufflé, les blancs de poulet panés, la viande hachée, les comprimés de vitamines, les bocaux d'ail émincé, les paquets de chips au piment. Tout cela n'est pas naturel. Or dans un environnement non naturel, quand votre anxiété est suffisamment à vif, vous aussi pouvez sentir que vous n'êtes pas naturel. Vous pouvez vous sentir aussi loin de vous-même qu'un rouleau de papier toilette est éloigné d'un arbre. Lors de mes crises de panique au supermarché, les objets sur les rayonnages prenaient un aspect sinistre. Ils semblaient étrangers. D'une certaine façon, ils *sont* étrangers. Ils ont été arrachés à leur environnement. Cela me parle. J'imagine que c'est l'origine du problème. J'avais l'impression d'avoir été arraché. Je ne trouvais pas ma place dans un endroit aussi surchargé, aussi peu naturel. Tout ce que je savais de moi-même, c'était la peur. Et tous ces objets répétés dans le supermarché l'aggravaient.

« Les objets ne sont pas faits pour qu'on les touche », écrivait Sartre dans *La Nausée*, alors qu'il passait clairement une mauvaise semaine. « Et moi, ils me touchent, c'est insupportable. J'ai peur d'entrer en contact avec eux tout comme s'ils étaient des bêtes vivantes. »

Dans un supermarché, les objets ne sont pas normaux. Ce sont des objets *marqués*. Si les produits existent dans un espace physique, les marques recherchent l'espace mental. Elles cherchent à entrer dans notre tête. Très souvent, elles emploient des psychologues du marketing pour cela. Pour nous manipuler afin que nous achetions. Pour jouer avec notre esprit.

Femme des cavernes

Imaginez une femme des cavernes congelée il y a cinquante mille ans.

Appelons-la Suon.

Imaginez le bloc de glace dont elle est prisonnière fondre lentement devant le supermarché du coin.

La femme des cavernes – Suon – entre. Les portes automatiques se referment derrière elle par magie. La lumière, les couleurs, la foule l'effraient. Des caddies apparaissent comme autant d'étranges animaux métalliques domestiqués par les humains qui les poussent. Les rayons brillants remplis d'objets en plastique la stupéfient. Les caisses en libre-service sont incompréhensibles. Les sacs ressemblent à des outres faites d'une étrange peau blanche.

« Objet inconnu sur la balance, dit la voix robotique. Objet inconnu sur la balance... Objet inconnu sur la balance... »

Suon commence à paniquer. Elle court vers la fenêtre et frappe contre le verre.

Elle se met à hurler. « Owagh ! Agh ! Ug-aggh ! »

Encore du bruit.

Voici la chute de l'histoire.

(Roulement de tambour.)

Suon est en réalité *Nous*.

(Hoquet ironique.)

Suon est nous tous. Sauf que nous sommes un peu plus habitués aux supermarchés.

Biologiquement, nous n'avons pas changé depuis cinquante mille ans.

Mais la société oui, énormément. On attend de nous que nous soyons reconnaissants pour cela. Après tout, si elle n'avait pas été congelée, Suon aurait sans doute été piétinée par un troupeau de cochons sauvages à vingt-deux ans ou sacrifiée pour un rituel à seize ans. C'est nous qui avons de la chance. Rien n'est plus chanceux qu'être un humain vivant au XXIe siècle, par rapport à un humain mort au néolithique.

C'est précisément à cause de cette chance que nous devons chérir la vie que nous avons. Si nous parvenons à nous sentir non seulement *chanceux* mais aussi autrement – *calmes, heureux, en bonne santé* –, pourquoi pas ? Pourquoi ignorer ce que peut nous faire le monde ? Savoir cela peut nous aider. Cela m'aide aujourd'hui dans un supermarché. Dans les centres commerciaux. Chez IKEA. À l'ordinateur. Dans une rue bondée. Dans une chambre d'hôtel vide. Partout. Cela m'aide de savoir que je ne suis qu'un homme des cavernes dans un monde qui est arrivé plus vite que notre corps et notre esprit ne s'y attendaient.

Flou

Il y a deux jours, j'ai vacillé. J'ai ressenti l'étrange douleur psychologique du ciel gris. En allant chercher ma fille à son cours de danse, j'ai eu l'impression de m'enfoncer dans le trottoir. Je me suis mis à déglutir compulsivement, et j'ai commencé à éprouver la vieille agoraphobie qui annonce une rechute.

Mais à présent, je suis davantage conscient qu'avant. Je voyais que je ne dormais pas bien. Je m'inquiétais trop pour ce livre. Je m'inquiétais pour un million de détails stupides. J'ai donc cessé de me préoccuper des e-mails, je me suis éloigné de ce document Word, j'ai pratiqué une vidéo de « Yoga pour dormir », j'ai mangé sainement et j'ai essayé de me déconnecter. J'ai emmené le chien faire une longue promenade au bord de la mer.

Puis j'ai compris : *Peu importe. Arrête d'être névrosé.*

Rien de ce qui m'inquiétait ne changerait fondamentalement quoi que ce soit. Je pourrais toujours promener le chien. Je pourrais toujours regarder la mer. Je pourrais toujours passer du temps avec ceux que j'aime.

L'anxiété a battu en retraite, comme un criminel sous les feux de l'enquête.

14
Désir

« Quand nous nous trouvons à tout désirer, peut-être est-ce parce que nous sommes dangereusement près de ne rien désirer. »

Sylvia Plath

Vœux pieux

Au moment où j'écris ceci, quand je tape « Comment devenir » dans Google, les cinq premières suggestions sont :

– riche
– célèbre
– mannequin
– pilote
– acteur

Transcendance

On nous vend du malheur, car le malheur rapporte de l'argent.

Pour l'essentiel, on nous vend l'idée que *nous pourrions être une meilleure personne si nous essayions d'être autre chose.*

Pensez aux magazines de mode.

Lucinda Chambers a été directrice mode de *British Vogue* pendant vingt-cinq ans. Peu après avoir quitté son poste, elle a livré un verdict sans appel sur l'industrie qu'elle laissait derrière elle. Elle affirmait que, malgré leur discours sur la prise de confiance, peu de magazines de mode donnaient confiance à qui que ce soit. « La plupart vous laissent accablés par l'anxiété pour ne pas avoir organisé le bon dîner, ne pas avoir mis la table correctement ou ne pas fréquenter les bonnes personnes », a-t-elle déclaré lors d'une interview, rapidement devenue virale, au journal de mode *Vestoj*. De plus, le fait que les magazines de mode se concentrent sur des vêtements hors de prix (pour la plupart des lecteurs) ne fait qu'exacerber ce sentiment négatif en y ajoutant la sensation d'être pauvre.

« Dans la mode, nous essayons toujours de vendre aux gens quelque chose dont ils n'ont pas besoin, dit Chambers. Nous n'avons pas *besoin* de nouveaux sacs, chemises ou chaussures. Alors nous cajolons, menaçons ou encourageons les gens pour qu'ils continuent d'acheter.»

Les magazines, les sites Internet et les profils de réseaux sociaux dédiés à la mode vendent une sorte de transcendance. Une issue. Une échappatoire. Mais c'est souvent malsain, car pour que les gens aient envie de se transcender, il faut d'abord qu'ils se sentent mécontents d'eux-mêmes.

Certes, les gens finiront peut-être par acheter un livre de régime pour avoir le même corps que le mannequin qui le promeut, ou un parfum pour ressembler davantage à l'image d'une célébrité dont le nom orne le flacon, mais tout cela a un prix bien plus que financier. L'acheteur se sent peut-être mieux au moment de son acquisition, mais à long terme, cela ne fait qu'alimenter le désir d'être quelqu'un d'autre: une personne plus glamour, plus attractive, plus célèbre. On nous encourage à sortir de nous-mêmes, à désirer d'autres vies. Des vies qui ne sont pas plus réelles qu'un trésor au bout de l'arc-en-ciel.

Peut-être le secret beauté qu'aucun magazine ne veut nous révéler est-il que le meilleur moyen d'être satisfait de notre apparence est d'accepter *l'apparence que nous avons déjà*. Nous vivons à l'ère de Photoshop et de la chirurgie plastique, et bientôt des robots designers. C'est probablement le meilleur moment pour accepter nos faiblesses humaines au lieu de viser à atteindre la fade perfection d'un androïde.

Nous pouvons penser: Oh, je dois avoir une certaine apparence pour attirer les gens. Ou bien nous pouvons penser: En fait, il n'y a pas de meilleur moyen pour filtrer les gens qui ne m'apporteront rien de bon qu'être moi-même.

Être mécontent de son apparence n'a rien à voir avec l'apparence : quand des mannequins souffrent de troubles de l'alimentation, ce n'est pas parce qu'elles sont laides ou en surpoids. Certainement pas.

Dans le monde entier, plusieurs indicateurs signalent que les troubles de l'alimentation sont en hausse. En 2017, sur la base de nombreuses recherches internationales, l'association Eating Disorder Hope affirmait que les troubles de l'alimentation dans le monde se sont développés de pair avec l'industrialisation et l'occidentalisation. En Asie, par exemple, des pays comme le Japon, Hong Kong et Singapour connaissent des taux nettement supérieurs qu'aux Philippines, en Malaisie ou au Vietnam, bien que ces derniers pays connaissent une hausse significative à mesure qu'ils se « développent » et « s'occidentalisent ».

Un autre cas révélateur est celui des Fidji. Des études ont démontré que les troubles de l'alimentation y ont connu une hausse au milieu des années 1990, à l'époque où la télévision est apparue sur cet archipel du Pacifique Sud. En 1999, le *New York Times* affirmait qu'aux Fidji les troubles de l'alimentation étaient virtuellement inexistants avant que la télévision ne leur donne pour modèle des succès internationaux tels que *Melrose Place* ou *Beverly Hills*. Avant que la télévision américaine ne présente d'autres idéaux corporels aux femmes et aux jeunes filles, « tu as pris du poids » était un compliment courant aux Fidji.

Au Royaume-Uni, les chiffres de la santé publique montrent qu'en 2018 les admissions à l'hôpital pour des troubles de l'alimentation ont plus que doublé en une dizaine d'années, en particulier chez les filles et les femmes d'une vingtaine d'années.

Caroline Price, membre de Beat, la principale association britannique de lutte contre les troubles de l'alimentation, a déclaré au *Guardian* quand ces chiffres ont été publiés que, bien que ces troubles soient « complexes » et « multifactoriels », la culture moderne avait une grande part de responsabilité.

« Les troubles de l'alimentation sont en hausse notamment à cause des défis de la société actuelle, disait-elle. Cela inclut les réseaux sociaux et la pression des examens. »

Bien que ces éléments ne soient pas la seule cause du problème, comme le reconnaissent des experts tels que Price, ils entrent en ligne de compte pour des personnes prédisposées aux troubles de l'alimentation. Selon le National Centre for Eating Disorders, ces troubles peuvent être liés à la génétique, à des parents ayant de mauvaises habitudes nutritives, aux moqueries sur le poids, à des maltraitances ou à des négligences pendant l'enfance et, de manière non négligeable, à la « culture ». Une culture où il y a toujours un nouveau régime à essayer et où, selon le site Internet du Centre, « un individu vulnérable internalise les images d'un idéal impossible qu'il voit à la télévision ou dans les magazines, et se compare toujours défavorablement à ces images ».

Le site ajoute que « les gens capables d'admirer la beauté d'un mannequin et de dire "Je ne lui ressemblerai jamais mais ça ne me dérange pas trop" sont ceux qui ont le moins de chances de souffrir de problèmes d'alimentation ». Peut-être y a-t-il une leçon à tirer de cette déconnexion entre les images que nous voyons et ce que nous sommes. Nous devons élaborer un système immunitaire de l'esprit qui nous permette d'*absorber* le monde extérieur sans nous laisser *infecter*.

Comment être plus gentil avec vous-même

1. Pensez aux gens que vous avez aimés. Pensez aux relations les plus profondes que vous ayez jamais eues. Pensez à la joie que vous avez éprouvée en voyant ces gens. Pensez que cette joie n'avait rien à voir avec leur apparence, si ce n'est que parce que c'était eux et que vous étiez content de les voir. Soyez content de reconnaître la personne derrière votre visage.

2. Changez votre manière de considérer les photos de vous-même. Chaque photo qui vous fait dire : « Oh, j'ai l'air vieux » sera un jour une photo que vous regarderez en disant : « Oh, j'étais jeune. » Au lieu de vous sentir vieux depuis la perspective de votre jeunesse, essayez de vous sentir jeune depuis la perspective de votre vieillesse.

3. Aimez vos imperfections. Accentuez-les. Elles sont ce qui vous rend différents des androïdes et des robots. « Si vous cherchez la perfection, vous ne serez jamais satisfait », dit Natalie, la femme de Lvov dans *Anna Karénine*.

4. N'essayez pas de ressembler à quelqu'un qui existe déjà. Profitez de votre différence.

5. Ne vous inquiétez pas que des gens ne vous aiment pas. Tout le monde ne vous aimera pas. Mieux vaut qu'on ne vous apprécie pas pour vous-même plutôt qu'on vous aime pour ce que vous n'êtes pas. La vie n'est pas une pièce de théâtre. Ne répétez pas. Soyez vous-même.

6. Projetez vos pensées vers l'extérieur. Pensez à la nature. Cherchez des photos de grenouilles de verre d'Amazonie. Replacez-vous dans l'ordre naturel. Nous connaissons neuf millions d'espèces, ce qui ne représente environ que 20 % des animaux du monde. Appréciez la beauté de la vie. Vous êtes littéralement en vie. Ignorez les idiots qui ont une définition étroite de la beauté. Ils sont aveugles aux merveilles imparfaites de la vie.

7. Ne laissez jamais l'opinion négative d'un inconnu devenir votre propre opinion négative de vous-même.

8. Si vous vous sentez mal dans votre peau, éloignez-vous d'Instagram.

9. Souvenez-vous que personne ne s'inquiète jamais de votre visage.

10. Faites toujours quelque chose dans la journée qui ne soit pas du travail ou de la présence sur Internet. Dansez. Tapez dans un ballon. Faites des burritos. Jouez de la musique. Jouez à Pac-Man. Caressez un chien. Apprenez un instrument. Appelez un ami. Faites la posture de l'enfant. Sortez. Sentez le vent sur votre visage. Ou bien allongez-vous par terre, posez les pieds contre le mur et respirez.

Une note sur le désir

Ce n'est pas grave de désirer quelque chose – la célébrité, la semblance de la jeunesse, dix mille *like*, des abdos d'acier, un donut –, mais le désir est aussi un manque. C'est ce que cela signifie. Nous devons donc être vigilants quant à nos désirs et nous assurer qu'ils ne creusent pas trop de trous en nous, autrement le bonheur fuira de nous comme l'eau d'un seau percé. Un moment où nous désirons est un moment où nous ne sommes pas satisfaits. Plus nous désirons, plus nous nous fuyons.

Si vous étiez déjà assez bien, à quoi diable dépenseriez-vous votre argent ?

Le bonheur n'est pas bon pour l'économie.

On nous encourage sans cesse à nous sentir un peu moins satisfaits.

Notre corps est trop gras, trop fin, trop flasque.

Notre peau doit briller, comme « caressée par le soleil » ou avoir la bonne nuance. Il est déprimant de constater que l'industrie de l'éclaircissement de la peau est en développement constant et rapporte plusieurs milliards de dollars.

Cet exemple est particulièrement troublant, mais l'idée centrale de *ne pas se sentir assez bien* est exploitée par toutes sortes d'entreprises. On a parfois l'impression que le but même du marketing est de nous faire nous sentir mal dans notre peau.

Écoutons par exemple Robert Rosenthal, auteur de *Optimarketing : Marketing Optimization to Electrify Your Business*. En 2014, il écrivait dans le magazine *Fast Company* que pour réussir il fallait raisonner en termes des *bienfaits* du produit plutôt que de ses *caractéristiques*. Cela paraît assez innocent, non ?

Cependant, il ajoute que les bienfaits ont souvent une « composante psychologique ». « La peur, l'incertitude et le doute (*fear, uncertainty and doubt*, en abrégé FUD) sont souvent utilisés de manière légitime par les entreprises et les organisations pour pousser les consommateurs à réfléchir et modifier leur comportement. FUD est tellement puissant qu'il peut anéantir la concurrence. »

Pour les gourous du marketing, le succès d'une campagne est tout. La fin justifie les moyens. Ignorons les conséquences, rendons des millions d'êtres humains plus angoissés que nécessaire.

Mais même quand une campagne de publicité ne tente pas ouvertement d'inciter à la peur, elle peut causer des dégâts psychologiques. Si on nous vend l'idée d'être cool grâce à un pantalon, nous ressentons une pression inconsciente à devenir ou à rester cool. Trop souvent, quand nous avons dépensé beaucoup d'argent pour l'objet convoité, nous éprouvons un sentiment de déprime. Le désir pour la chose est rarement comblé par la satisfaction de l'obtenir. Nous en voulons davantage. Le cycle se répète. On nous encourage à désirer ce qui nous fera désirer davantage.

En bref, on nous encourage à devenir dépendants.

Jamais assez

Rien n'est jamais assez.

J'ai toujours eu une dépendance. L'objet change, mais pas la sensation de besoin.

Avant, c'était l'alcool. Je pouvais boire sans fin.

Quand je travaillais dans un immeuble de bureaux en tant qu'attaché de presse sous le ciel gris de Croydon, je ne rêvais que de m'enfuir. Les trois pintes que je buvais chaque soir, suivies par une vodka Coca, adoucissaient la gifle pour la rendre encore plus violente quand je me réveillais le lendemain matin.

Quelques années après que je me suis effondré, j'ai soudain trouvé facile d'arrêter de boire. De fumer. Tout. J'ai arrêté les stimulants. Même le café, le thé et le Coca-Cola. J'étais dans un état de panique perpétuelle, et j'aurais fait n'importe quoi pour détourner mon esprit de mon esprit, mais je savais que l'alcool ne fonctionnerait pas. Je pensais que les médicaments ne fonctionneraient pas. À ce moment-là, j'étais convaincu que, bien qu'ils fonctionnent clairement pour d'autres, je faisais partie des malchanceux pour qui cela ne marcherait pas. J'étais également persuadé d'avoir déjà connu des tendances à l'addiction. Il a été plus difficile d'admettre que j'en avais encore, mais que je trouvais à présent des addictions « positives ». Courir, par exemple, comme me l'avait conseillé mon père. Le yoga. La méditation. Le travail. La réussite.

Des années plus tard, quand je me suis senti relativement mieux, j'ai recommencé à boire. Je ne buvais pas tous les jours, ni même toutes les semaines, mais quand je buvais, je buvais de manière irresponsable. La différence était que cette fois-ci je voyais comment l'alcool affectait mon esprit. Je voyais le cycle qui se produisait. Je me sentais un peu mal – pas au point du trouble panique, juste une dépression générale de basse intensité –, je buvais et je me sentais mieux. Puis j'avais la gueule de bois et je me sentais coupable. Cette sensation durait, rabaissait mon estime de moi, ce qui créait un besoin supplémentaire de distraction. À cause de l'alcool. À cause de huit pintes et d'un cocktail au gin. C'était dangereux. Il était impossible d'être un bon mari, un bon père ou un bon écrivain avec une gueule de bois pareille. Ironiquement, ce sentiment d'inadaptation et de mépris pour moi-même rendait seulement d'autres gueules de bois plus probables. J'ai appris que, aussi fort que soit le désir, la culpabilité qui suit sera encore plus forte. C'est dur. J'ai une compassion infinie pour ceux qui ont tenté de noyer leur désespoir dans une mer d'alcool. Et qui sont jugés au passage par ceux qui n'ont jamais éprouvé ce désir insatiable de se fuir soi-même.

Certains affirment que la stigmatisation des maladies mentales diminue. C'est sans doute vrai en ce qui concerne la dépression ou les crises de panique. Mais sûrement pas pour l'alcoolisme, l'automutilation, la psychose, le trouble de la personnalité borderline, les troubles de l'alimentation, les comportements compulsifs ou la dépendance à la drogue. Ces phénomènes peuvent mettre mal à l'aise le plus ouvert d'esprit d'entre nous. Voilà le problème avec la maladie mentale. Il est facile de ne pas juger quelqu'un parce qu'il est *malade*, mais il est bien plus difficile de ne pas juger les gens pour la manière dont une maladie les pousse parfois à se *comporter*. Car on n'en voit pas la cause.

Je me rappelle que quand je suis allé voir le génie rare, unique, qu'était Amy Winehouse en concert, j'ai eu les larmes aux yeux en voyant la foule – pourtant assez soûle elle-même – rire et se moquer quand elle marmonnait, ivre, entre les chansons et tentait désespérément de se reprendre. Je brûlais d'une sorte de colère et de honte. J'essayais – ridicule, gênant – de lui envoyer des messages télépathiques. *Ça va. Tout ira bien. Ils ne comprennent pas.*

Au moment où j'écris ces lignes, le soleil brille par la fenêtre et je rêve d'une caïpirinha. Le cocktail national du Brésil. Cachaça, citron vert, sucre. Le paradis dans un verre. Je me revois en boire sur les places espagnoles ombragées, et mon désir est en partie de revenir à l'insouciance de mes vingt et un ans. Mais je sais que ce serait une mauvaise idée. Je dois me rappeler pourquoi je veux cela et ce qui pourrait se passer. Je dois me rappeler que désirer un innocent verre m'a déjà poussé – après un rendez-vous de travail parfaitement respectable en après-midi – à appeler chez moi depuis Victoria Station après avoir perdu mon portefeuille. Je dois me rappeler la spirale qui a suivi, ma profonde rechute dans la dépression et l'anxiété – de celles où l'on pleure en fixant son tiroir à chaussettes, où un ciel gris ou une couverture de magazine déclenchent un désespoir sans fin. Se souvenir de tout cela, avoir *pleine conscience* des causes et des conséquences facilite grandement la résistance. Une soirée de paradis dans un verre ne vaut pas un mois d'enfer dans une cage. Je ne parle pas spécifiquement de l'alcool. Le schéma de l'addiction – insatisfaction, solution temporaire, insatisfaction accrue – sert de modèle à la culture de la consommation. C'est également le modèle de nos relations avec la technologie. Les dangers d'un usage excessif de la technologie deviennent plus évidents que jamais. En 2018, Tim Cook, P-DG d'Apple, a commencé à parler d'abus de technologie.

« Je ne crois pas à l'abus. Je ne fais pas partie de ceux qui disent que nous avons réussi si vous l'utilisez tout le temps. Je ne souscris pas à tout cela. »

Le problème, c'est que ne pas abuser de la technologie est souvent plus facile à dire qu'à faire.

« Ne vous y méprenez pas, écrit le neuroscientifique Daniel Levitin dans son livre *The Organized Mind: Thinking Straight in the Age of Information Overload.* Consulter ses e-mails, son compte Facebook ou Twitter constitue une addiction neuronale. » Chaque fois que nous consultons nos réseaux sociaux, « nous rencontrons quelque chose de nouveau et nous sentons davantage reliés socialement (d'une manière bizarre, impersonnelle, virtuelle), et nous recevons une belle dose d'hormones de la récompense » qui nous disent que nous avons « accompli quelque chose ». Mais comme pour toute addiction, cette sensation de récompense n'est pas fiable. Selon les termes de Levitin : « C'est la partie stupide du cerveau, à la recherche de nouveauté, celle qui dirige le système limbique, qui induit cette sensation de plaisir, pas les centres de la pensée élaborée responsables de la prévision, de l'organisation dans le cortex préfrontal. »

Comme quand on vit à Ibiza, ou dans une secte religieuse, il est difficile de voir ce qui nous pose problème quand tout le monde a les mêmes problèmes. Si tout le monde passe des heures sur son téléphone, à suivre ses textos ou ses fils d'actualité, cela devient un comportement normal. Si tout le monde se lève trop tôt pour travailler douze heures par jour dans un endroit qu'il déteste, pourquoi remettre cela en question? Si tout le monde s'inquiète pour son apparence, alors nous devrions aussi nous inquiéter pour notre apparence. Si tout le monde s'endette pour se payer des choses dont il n'a pas vraiment besoin, ça ne peut pas être un problème. Si le monde entier souffre d'une crise collective, alors les comportements malsains ont leur place. Quand la normalité devient la folie, la seule manière de rester sain d'esprit est d'oser être différent. Ou d'oser être le vous qui existe au-delà de tout le bazar physique et les scories psychologiques de l'existence moderne.

Un paradoxe

Il y a un paradoxe dans les sociétés modernes technologiques. Elles encouragent *l'individualisme* sans nous encourager – en nous l'interdisant même – à penser *en tant qu'individus.* Elles nous empêchent de prendre du recul par rapport à leurs distractions – comme doivent le faire les véritables toxicomanes s'ils veulent récupérer leur vie – et de nous demander : Qu'est-ce que je fais ? Pourquoi est-ce que je continue à le faire si ça ne me rend pas heureux ? Étrangement, c'est plus facile si vous souffrez d'une addiction socialement inacceptable comme l'héroïne que si votre compulsion est socialement acceptable, par exemple suivre des régimes, twitter, acheter ou travailler. Si la folie est collective, que la maladie est culturelle, elle peut être difficile à diagnostiquer, encore plus à traiter.

Même quand le flot de la société nous tire dans une direction, il doit être possible – si cette direction nous rend ou nous maintient malheureux – d'apprendre à nager contre le courant. À nager vers notre véritable nous-même, une vérité que nos distractions peuvent cacher. Notre vie peut en dépendre.

Vous êtes plus qu'un consommateur

Ne laissez rien ni personne vous donner le sentiment que vous n'êtes pas assez. N'ayez pas la sensation que vous devez en faire davantage pour être accepté. Soyez heureux de vous-même, tel que vous êtes. Cessez de rêver de buts imaginaires, de lignes d'arrivée. Acceptez ce que le marketing refuse : vous allez bien. Il ne vous manque rien.

15
Deux listes sur le travail

« Combien de jeunes étudiants ont trouvé une place dans de grandes entreprises, acceptant de bosser dur dans l'idée de se faire un petit pécule qui leur permettra de se retirer et de s'occuper de ce qui les intéresse vraiment quand ils auront trente-cinq ans ? Mais quand ils arrivent à cet âge, ils ont de lourdes hypothèques sur le dos, des enfants à l'école, une maison dans une banlieue huppée qui nécessite au moins deux voitures par famille, et le sentiment que sa vie ne vaut pas la peine d'être vécue sans un excellent vin et des vacances coûteuses à l'étranger. Que faire ? Revenir à la recherche de tubercules ? Non, redoubler d'efforts et continuer à trimer. »

Yuval Noah Harari, *Sapiens : Une brève histoire de l'humanité*[1].

1. Traduction de Pierre-Emmanuel Dauzat, Paris, Albin Michel, 2015.

« Pour parler sérieusement, ce que je veux dire, c'est que le fait de croire que le travail est une vertu est la cause des grands maux dans le mode moderne, et que la voie du bonheur et de la prospérité passe par une diminution méthodique du travail. »

Bertrand Russell, *Éloge de l'oisiveté*[1].

1. Traduction de Michel Parmentier, Paris, Éditions Allia, 2002.

Le travail est toxique

1. Nous nous sommes détachés de la manière historique de travailler. En tant qu'individus, nous consommons rarement ce que nous produisons. Souvent, les gens ne trouvent pas le travail pour lequel ils sont qualifiés. Lentement, le travail humain est récupéré par les machines. Caisses libre-service. Chaînes de montage robotisées. Opérateurs téléphoniques automatiques.

2. L'économie mondiale est injuste. Certes, il y a des progrès. Selon les chiffres de la Banque mondiale, le nombre de personnes dans l'extrême pauvreté diminue chaque année. Mais d'autres inégalités augmentent. Les huit personnes les plus riches possèdent la même somme que les 3,6 milliards de personnes qui constituent la moitié la plus pauvre de la population mondiale, selon un rapport d'Oxfam de 2017. D'après une recherche du Crédit Suisse, la classe moyenne occidentale se réduit, et l'écart entre riches et pauvres se creuse. La méritocratie est un mythe auquel il est difficile de se raccrocher.

3. Le harcèlement au travail prospère. La nature compétitive de nombreux environnements de travail nourrit une rivalité agressive qui peut facilement laisser place à la manipulation

et au harcèlement. Selon une recherche menée par l'université de Phoenix, 75 % des travailleurs américains ont connu le harcèlement au travail, soit en tant que victime soit en tant que témoin. Les victimes ne sont pas toujours celles qu'on croit. Selon le Workplace Bullying Institute (Institut du harcèlement au travail), elles ne sont pas nécessairement les membres les plus faibles d'une équipe, mais sont souvent plus qualifiées et plus efficaces que les harceleurs – des collègues plus anciens qui peuvent représenter une menace. Une recherche du Congrès des syndicats britannique menée avec le Everyday Sexism Project a établi que 52 % des femmes affirment avoir été harcelées sexuellement au travail.

4. Dans les cas extrêmes, le stress au travail peut être fatal. Par exemple, entre 2008 et 2009, puis de nouveau en 2014, France Telecom a connu des vagues de suicides d'employés. Après la première vague, au cours de laquelle trente-cinq employés se sont suicidés en quelques mois, le directeur a discrédité les faits comme relevant d'une « mode », bien qu'un rapport officiel cité par *The Guardian* évoque un climat de « harcèlement managérial » qui avait « psychologiquement affaibli le personnel et entamé sa santé mentale et physique ».

5. La culture de l'évaluation est toxique. Paul Verhaeghe, professeur belge de psychanalyse, pense que l'organisation actuelle du travail dans notre société, avec des superviseurs pour superviser des superviseurs, où tout le monde est observé, noté et continuellement évalué, est toxique. Même les gens qui ne travaillent pas subissent des tests et des évaluations sans fin. Comme le découvrent nos enfants à l'école, toutes ces évaluations nous font stresser pour l'avenir au lieu de nous sentir à l'aise avec le présent.

6. La culture du travail peut provoquer une baisse de l'estime de soi. On nous encourage à croire que la réussite vient quand on travaille dur, qu'elle tient à l'individu. Il n'est donc pas surprenant que quand nous éprouvons un sentiment d'échec – c'est-à-dire presque toujours dans une culture de l'aspiration qui prospère en élevant la barre de notre bonheur –, nous le prenions personnellement. Et nous sentions responsables. On ne nous encourage pas à considérer le contexte.

7. Nous aimons travailler. Cela nous donne un but. Mais le travail peut aussi être mauvais pour notre santé physique. En 2015, l'Institut finlandais de la santé au travail a publié une étude – la plus vaste à ce jour – sur le rapport entre le travail et l'alcool. À partir d'une base de données de plus de 333 000 travailleurs sur quatorze pays, ils ont découvert que plus les journées de travail sont longues, plus nous consommons d'alcool.

8. Il est difficile de lutter contre notre obsession culturelle pour le travail. Les politiciens et les chefs d'entreprise entretiennent l'idée que le travail incessant est une vertu morale. Ils parlent avec des trémolos dans la voix et une certaine hypocrisie des «braves travailleurs ordinaires» et des «familles qui travaillent dur». Nous acceptons la semaine de cinq jours comme s'il s'agissait d'une loi de la nature. On nous fait souvent nous sentir coupables quand nous ne travaillons pas. Nous nous disons, comme Benjamin Franklin, que «le temps, c'est de l'argent», oubliant que l'argent, c'est aussi de la chance. Beaucoup de gens qui travaillent énormément ont bien moins d'argent que des personnes qui n'ont jamais travaillé de leur vie.

9. Les gens travaillent de plus en plus, mais ces heures supplémentaires ne garantissent pas une productivité accrue.

Quand une expérience suédoise a mis en place une journée de six heures pour des infirmières à Göteborg, les résultats ont montré qu'elles se sentaient plus heureuses et plus énergiques que quand elles travaillaient huit heures. Elles prenaient moins d'arrêts maladie, souffraient moins du dos et du cou, et étaient plus productives pendant les heures travaillées.

10. Notre culture du travail est souvent déshumanisante. Nous devons évaluer si notre travail nous rend malheureux ou malades et, dans un tel cas, ce que nous pouvons y faire. Quelle pression nous imposons-nous seulement parce que notre mode de travail nous donne constamment l'impression d'être en retard ? Comme si la vie était une course que nous étions en train de perdre. Dans notre lutte pour tenir le rythme, nous n'osons pas nous arrêter pour réfléchir à ce qui est bon pour nous.

Dix manières de travailler sans s'effondrer

1. Essayez de faire quelque chose qui vous plaît. Si votre travail vous plaît, vous serez meilleur. Si vous aimez votre travail, il ressemblera moins à un travail. Essayez d'envisager le travail comme un jeu productif.

2. Ne visez pas à *faire plus de choses* mais à *avoir moins de choses à faire*. Soyez un minimaliste du travail. Le minimalisme consiste à en faire plus avec moins. L'essentiel du travail consiste souvent à en faire moins avec plus. L'activité n'est pas toujours synonyme de progrès.

3. Posez des limites. Ayez des moments dans la journée et dans la semaine sans travail, sans e-mails, sans tracas.

4. Ne vous stressez pas pour les dates butoir. Ce livre est déjà en retard, mais vous le lisez quand même.

5. Sachez que votre boîte de réception ne sera jamais vide. Acceptez-le.

6. Quand c'est possible, essayez de travailler d'une manière qui rende le monde un peu meilleur. Le monde nous façonne. Le rendre meilleur nous rend meilleurs.

7. Soyez gentil avec vous-même. Si les inconvénients du travail excèdent les avantages de l'argent, ne le faites pas. Si quelqu'un abuse de son pouvoir pour vous harceler, ne le supportez pas. Si vous détestez votre travail et que vous pouvez sortir pendant votre pause déjeuner, sortez pendant votre pause déjeuner. Et ne revenez jamais.

8. N'accordez pas plus d'importance à votre travail qu'il n'en a. Selon la formule de Bertrand Russell : « L'un des symptômes qu'une crise approche, c'est la sensation que votre travail est terriblement important. »

9. Ne faites pas le travail qu'on attend que vous fassiez. Faites le travail que vous voulez faire. On n'a qu'une vie. Mieux vaut la vivre pour vous-même.

10. Ne soyez pas perfectionniste. Les humains sont imparfaits. Le travail humain est imparfait. Soyez moins robot, plus humain. Soyez plus imparfait. L'évolution se fait grâce aux erreurs.

16

Façonner l'avenir

Progrès

Il serait incroyablement réactionnaire et conservateur de dire que le progrès technologique est uniformément mauvais.

Pratiquement personne ne renoncerait à la technologie actuelle pour vivre il y a cent ans. Qui abandonnerait un monde de voitures, de GPS, de Smartphones, d'ordinateurs, de machines à laver, de Skype, de réseaux sociaux, de Spotify, de rayons X, de cœurs artificiels, de distributeurs de billets et d'achats en ligne ? Pas moi, c'est certain.

En écrivant ce livre, j'ai cherché à examiner le coût psychologique du monde à travers la seule psychologie que je connaisse vraiment – la mienne. J'ai tenté d'écrire sur la manière dont nous pouvons essayer de rester sains d'esprit *en tant qu'individus* dans un monde toujours plus fou. Bien que ç'ait été un cauchemar, ma maladie mentale m'a enseigné les éléments déclencheurs et les tourments du monde moderne.

En revanche, il est plus difficile de savoir quoi faire *en tant que société.* Nous ne pouvons pas revenir en arrière. Nous ne pouvons pas brutalement devenir non technologiques, nous ne le voudrions même pas. Alors comment bâtir collectivement un monde meilleur ?

L'une des réponses les plus pertinentes est celle de Yuval Noah Harari, professeur d'histoire à l'université hébraïque de Jérusalem, dont les livres *Sapiens* et *Homo Deus* interrogent ce qui nous rend humains, et la manière dont la technologie non seulement façonne notre monde mais redéfinit l'humanité elle-même. Il envisage le scénario cauchemardesque d'un monde où les humains pourraient être surpassés par les machines qu'ils créent et conclut sombrement que « Homo sapiens tel que nous le connaissons disparaîtra dans un siècle environ ».

Après avoir lu les travaux d'Harari, je me suis demandé pourquoi les humains appellent avec un tel empressement un avenir qui les rendra inutiles. Cela m'a rappelé un autre livre qui m'avait inspiré quand j'étais plus jeune – *Straw Dogs*, du philosophe John Gray –, qui explorait assez crûment l'idée que le progrès sociétal humain est un mythe dangereux. Après tout, nous sommes – pour autant que nous sachions – les seuls animaux obsédés par l'idée de progrès. S'il existe des historiens tortues qui félicitent les générations passées de tortues pour avoir créé une société plus éclairée, nous n'en savons rien.

Dans un article pour *The Observer*, je demande à Harari si nous devrions résister à l'idée que l'avenir consiste nécessairement en un progrès technologique. Devrions-nous essayer de créer un autre futurisme ?

« On ne peut pas arrêter le progrès technologique, répond-il. Même si un pays abandonne ses recherches sur l'intelligence artificielle, d'autres les poursuivront. La véritable question est : que faire avec cette technologie. On peut utiliser la même technologie dans des buts sociaux et politiques très différents. »

Internet, bien sûr, est un cas d'école. Ce que l'on appelait le « world wide web », le « réseau mondial », est un exemple d'une technologie qui a démarré avec des idéaux utopiques pour se changer en dystopie.

« Si l'on prend le XXe siècle, poursuit Harari, on voit que les mêmes technologies, l'électricité et le train, ont permis de créer une dictature communiste comme une démocratie libérale. C'est la même chose avec l'intelligence artificielle et l'ingénierie biologique. Je pense que les gens ne devraient pas se demander comment arrêter le progrès technologique, parce que c'est impossible. La question devrait plutôt être : quel usage faire de cette technologie ? Et là, nous avons beaucoup de pouvoir pour influencer la direction qu'elle prend. »

Ainsi, comme pour beaucoup de choses, la solution du problème semble être d'*en avoir conscience*. En d'autres termes, la réponse pour rendre notre esprit et notre planète plus sains est fondamentalement la même. Quand Harari dit qu'on peut utiliser la même technologie dans des buts très différents, c'est évidemment vrai au niveau de l'individu comme de la société. Avoir conscience de la manière dont notre propre usage de la technologie nous affecte revient à avoir conscience de la manière dont la technologie affecte la planète. La planète ne se contente pas de nous façonner. Nous façonnons la planète par la manière dont nous choisissons de vivre notre vie.

Parfois, quand nous – en tant que sociétés – prenons une direction malsaine, nous devons faire la chose la plus courageuse et la plus difficile qui soit. Nous devons *changer*.

Ce changement peut prendre différentes formes : utiliser la technologie pour aider notre esprit, par exemple avec une application qui limite notre usage des réseaux sociaux ; installer, un interrupteur tamisant ; marcher davantage ; traiter les gens avec davantage de considération en ligne ou choisir une voiture moins polluante. Être gentils avec nous-mêmes et avec la planète est essentiellement la même chose.

C. S. Lewis écrivait : « Le progrès signifie se rapprocher de là où on veut être. Si vous avez pris un mauvais chemin, aller de l'avant ne signifie pas vous rapprocher. »

Je trouve cette vision des choses parfaitement adaptée. Au niveau de l'individu comme de la société, le mouvement vers l'avant n'est pas automatiquement bon parce qu'il va de l'avant. Parfois, nous poussons notre vie dans la mauvaise direction. Si nous sentons que cela nous rend malheureux, progresser peut signifier faire demi-tour pour revenir sur le bon chemin. Mais nous ne devons jamais penser – individuellement ou en tant que société – qu'une seule version de l'avenir est inévitable.

À nous de façonner l'avenir.

Espace

Pour façonner l'avenir, les espaces sont la clé. Nous devons faire en sorte d'avoir des espaces de liberté. Pour être nous-mêmes. Des espaces physiques, des espaces psychologiques.

De plus en plus, nos villes veulent faire de nous avant tout des consommateurs, et non des personnes. Il est donc d'autant plus important d'accorder de la valeur aux espaces menacés où le fait économiquement insignifiant d'*être* est encore autorisé. Les forêts, les parcs, les musées, les galeries, les bibliothèques publiques.

Les bibliothèques, par exemple, sont de merveilleux endroits en danger. De nombreuses personnes au pouvoir les considèrent comme inutiles à l'âge d'Internet. C'est à côté de la plaque. De nombreuses bibliothèques utilisent Internet de manière innovante, en permettant d'accéder aux livres et à Internet. De plus, les bibliothèques ne s'occupent pas que de livres. Elles sont l'un des rares espaces publics restants qui n'apprécient pas notre portefeuille plus que nous.

D'autres espaces sont menacés.

Des espaces non physiques. Des espaces de temps. Des espaces numériques. Certaines entreprises technologiques souhaitent empiéter de plus en plus sur notre identité en nous considérant moins comme des êtres humains que comme des organismes pleins de données à extraire puis à revendre.

Certains espaces de la journée et de la semaine sont continuellement dévorés au nom du travail ou d'autres responsabilités.

Certains espaces de l'esprit sont menacés. L'espace pour penser librement, ou du moins calmement, semble toujours plus difficile à trouver. Ce qui explique non seulement l'augmentation des troubles de l'anxiété, mais aussi d'habitudes de rééquilibrage, comme le yoga ou la méditation.

Les gens désirent non seulement un espace physique, mais aussi un espace de liberté mentale. Un espace loin des pensées distrayantes non désirées qui encombrent notre tête comme des fenêtres pop-up dans un monde déjà frénétique. Cet espace est là. Simplement, nous ne pouvons pas nous y *appuyer*. Nous devons consciemment aller le chercher. Nous devons peut-être prendre le temps de lire, de faire du yoga, de prendre un long bain, de cuisiner notre plat préféré ou d'aller nous promener. Nous devons peut-être éteindre notre téléphone. Fermer notre ordinateur. Nous devons peut-être nous déconnecter pour trouver une version acoustique de nous-mêmes.

La fiction, c'est la liberté

Les livres sont peut-être un moyen de reconquérir cet espace. Les histoires. La fiction.

Quand j'avais onze ans et pas d'amis, que j'avais du mal à trouver ma place à l'école, j'ai lu *Les Outsiders*, *Rusty James* et *Tex* de S. E. Hinton, et j'ai soudain de nouveau eu des amis. Ses livres étaient mes amis. Leurs personnages étaient mes amis. De vrais amis, car ils m'ont aidé. De même qu'à d'autres époques, Winnie l'ourson, Scout Finch, Pip ou Cécile de *Bonjour tristesse* ont été des amis. Les histoires qu'ils habitaient étaient des endroits où je pouvais me cacher. Me sentir en sécurité.

Dans un monde qui peut devenir trop, un monde où nous sommes à court d'espace mental, les mondes fictifs sont essentiels. Certes, ils peuvent représenter une fuite de la réalité, mais pas une fuite de la vérité. Bien au contraire. Dans le monde « réel », j'avais du mal à m'intégrer. Les codes qu'il fallait suivre. Les mensonges qu'il fallait raconter. Les rires qu'il fallait feindre. La fiction ne ressemblait pas à une fuite de la vérité, mais à une plongée dedans. Même s'il s'agissait d'une vérité avec des monstres ou des ours qui parlent, il y avait toujours une certaine vérité. Une vérité qui me permettait de rester sain d'esprit, ou du moins de rester moi-même.

Pour moi, la lecture n'a jamais été une activité antisociale. Elle est profondément sociale. Elle constitue la sociabilisation la plus profonde qui soit. Un lien profond avec l'imaginaire d'un autre être humain. Une manière d'entrer en contact sans les nombreux filtres qu'exige normalement la société.

Ainsi, la lecture est souvent considérée comme importante en raison de sa valeur sociale. Elle est liée à l'éducation, à l'économie, etc. Mais ce n'est pas le véritable intérêt de la lecture.

Lire n'est pas important parce que ça vous permet de trouver un travail. C'est important parce que cela vous donne la place pour exister au-delà de la réalité qui vous est donnée. C'est ainsi que les êtres humains se fondent. Que les esprits entrent en contact. Les rêves. L'empathie. La compréhension. La fuite.

Lire, c'est l'amour en action.

Il ne doit pas nécessairement s'agir de livres. Mais nous avons besoin de trouver cet espace.

On nous encourage souvent à désirer les expériences les plus extrêmes, les plus excitantes. À agir sous l'impulsion de l'action. «*Just do it*», comme nous aboyait constamment Nike, tel un instructeur de bien-être. Comme si on découvrait le sens de la vie en gagnant une médaille d'or, en escaladant l'Everest, en faisant la tête d'affiche du festival de Glastonbury ou en éprouvant un orgasme total en sautant en parachute dans les chutes du Niagara. Avant, je ressentais la même chose. Je voulais me perdre dans les expériences les plus intenses, comme si la vie était une tequila à vider. Mais on ne peut pas vivre l'essentiel de sa vie comme ça. Pour avoir une chance de connaître un bonheur durable, il faut se calmer. Il faut juste être, pas seulement juste faire.

Nous surchargeons nos vies d'activités, car en Occident nous pensons souvent qu'on atteint le bonheur et la satisfaction par l'acquisition, en « saisissant » le jour ou en « prenant » la vie par les cornes. Parfois, nous ferions mieux de ne pas considérer la vie comme une chose à saisir ou à prendre, mais comme quelque chose que nous avons déjà. En nous libérant du bazar mental, nous pouvons sûrement mieux en profiter.

Le moine bouddhiste Thich Nhat Hanh écrit dans *L'art du pouvoir* que, bien que « beaucoup pensent que l'excitation c'est le bonheur », en réalité « quand nous sommes excités, nous ne sommes pas en paix. Le vrai bonheur est fondé sur la paix ».

Personnellement, je ne voudrais pas d'une vie de paix intérieure totale et neutre. Je voudrais vivre occasionnellement une intensité, une joie folle. Cela fait partie de moi. Mais je désire plus que jamais cette paix et cette acceptation.

Être à l'aise avec soi-même, se connaître soi-même suppose de créer un espace intérieur où l'on peut se retrouver, loin du monde qui nous encourage souvent à nous perdre.

Nous devons creuser un espace dans le temps pour nous-mêmes, que ce soit à travers les livres, la méditation ou en appréciant la vue par la fenêtre. Un endroit où nous ne désirons pas, ne travaillons pas, ne nous inquiétons pas, ne réfléchissons pas trop. Un endroit où nous n'espérons peut-être même pas. Un endroit où nous sommes neutres. Où nous pouvons nous contenter de respirer, d'être, de nous repaître du simple contentement animal d'être, et de ne rien désirer d'autre que ce que nous avons déjà : la vie elle-même.

But

Sentir chaque moment, ignorer demain, désapprendre toutes les inquiétudes, les regrets et la peur causés par le concept de temps. Pouvoir marcher sans penser à rien d'autre qu'à la marche. Rester allongé au lit, sans dormir, sans s'inquiéter de dormir. Se contenter d'être là, dans un bonheur horizontal, à l'abri des tracas passés ou à venir.

17

La chanson de vous

Sycomores

Pendant la rédaction de ce livre, ma mère a subi une opération importante. Une opération à cœur ouvert pour remplacer une valve aortique endommagée. L'intervention s'est bien déroulée, elle s'en est remise, mais la semaine qu'elle a passée en soins intensifs a été une sorte de montagne russe, les médecins et les infirmières devaient surveiller de près le taux d'oxygène dans son sang, qui baissait de manière inquiétante.

Andrea et moi avons dormi dans un hôtel près de l'hôpital. Je restais assis à son chevet avec mon père tandis que maman somnolait et se réveillait. Je l'ai nourrie à la cuiller et ai apporté des sacs entiers de smoothies, ainsi que quelques journaux pour mon père. Mon inquiétude pour maman éclipsait tout le reste. Je ressentais une culpabilité incroyable de l'avoir à peine écoutée quand elle m'avait parlé de ses premières visites chez le médecin.

À présent, je me moquais des e-mails urgents auxquels je n'avais pas répondu. Je n'avais aucune tentation de consulter les réseaux sociaux. Même les nouvelles du monde paraissent anecdotiques et sans importance quand on se trouve dans une unité de soins intensifs et que l'on entend à travers le rideau les pleurs de douleur du patient d'à côté qui s'éteint.

Les unités de soins intensifs peuvent être des lieux sombres, mais ces pièces stériles remplies de gens suspendus entre la vie et la mort peuvent aussi inciter à l'espoir. Les infirmières et les médecins ont été une source d'inspiration.

Quel dommage qu'il faille attendre des événements aussi tragiques dans notre vie ou dans celle de ceux que nous aimons pour prendre du recul. Imaginez que nous puissions garder ce recul. Si nous pouvions *toujours* avoir le sens des priorités, même quand nous allons bien, quand nous sommes en bonne santé. Imaginez que nous pensions toujours à ceux que nous aimons comme nous pensons à eux quand ils sont dans un état critique. Si nous pouvions garder cet amour – un amour toujours présent – si proche de la surface. Imaginez que nous puissions garder cette gentillesse et cette douce gratitude envers la vie elle-même.

En ce moment même, alors que ma vie est trop remplie de choses inutiles et stressantes, j'essaie de me rappeler cette chambre d'hôpital. Où les patients étaient contents simplement de regarder la vue par la fenêtre. Un peu de soleil et des sycomores.

Et où la vie, en soi, était tout.

Amour

Seul l'amour nous sauvera.

Psychogrammes négatifs (les choses qui nous font nous sentir plus légers)

Imaginez que, tout comme les psychogrammes, il existe des choses qui puissent alléger votre esprit. On pourrait les appeler des psychogrammes négatifs, ou -pg.

Le soleil qui apparaît soudainement derrière un nuage	57 -pg
Rien à signaler, dit le médecin	320 -pg
Être en vacances dans un endroit sans Wi-Fi (après la panique initiale)	638 -pg
Promener le chien	125 -pg
Une séance de yoga	487 -pg
Se perdre dans un bon livre	732 -pg
Arriver chez soi après un trajet affreux	398 -pg
Être entouré par la nature	1 291 -pg
Danser	1 350 -pg
Un parent proche qui se remet d'une opération	3 982 -pg

Et cætera.

Sri Lanka

On m'a demandé de me rendre dans la magnifique ville fortifiée de Galle, sur la côte sud-ouest du Sri Lanka, pour participer à un festival de littérature et parler de santé mentale. Il s'agissait d'un événement spécial, car au Sri Lanka parler de maladie mentale peut encore être tabou. C'était émouvant d'entendre des histoires d'anxiété, de dépression, de TOC, de tendances suicidaires, de troubles bipolaires et de schizophrénie dans un contexte où ces maladies ne sont pas publiquement exposées. On avait l'impression que la stigmatisation s'évaporait en temps réel.

Pourtant, ce n'est pas cette intervention qui m'a marqué, c'est le lendemain. Sur la plage de Hikkiduwa, où j'ai nourri des tortues de mer géantes avec des locaux et des voyageurs. Andrea et les enfants étaient là. C'était le genre de moment que je ne pensais jamais vivre quand j'avais la vingtaine, que j'étais agoraphobe, persuadé que je ne vivrais pas jusqu'à trente ans et que j'aurais fait fuir tous ceux que j'aimais. Mais j'étais là, à quarante ans, dans l'hémisphère sud, avec ceux que j'aimais, sur une plage idyllique, tout proche de ces anciens reptiles. Ils paraissaient si calmes, si sages dans leur longévité. Je me suis demandé quelle sagesse secrète ils possédaient. J'aurais aimé que les humains puissent poser des questions aux tortues.

Ainsi, quand la dépression me tombe dessus, je ferme les yeux et j'entre dans la banque des bons jours, je repense au soleil, aux rires, aux tortues. Et j'essaie de me rappeler à quel point l'impossible est parfois possible.

Une approche amphibie de la vie

« Bonjour, tortue.

– Oh, bonjour.

– Des conseils sur la vie ?

– Pourquoi me demandez-vous ça ?

– Parce que vous êtes une tortue.

– Et ?

– Les tortues ont survécu pendant des millions d'années. Vous existez depuis cent cinquante-sept millions d'années. C'est plus que sept cents fois ce qu'a vécu *Homo sapiens*. Vous devez savoir pas mal de choses, en tant qu'espèce.

– Vous confondez longueur de l'existence et quantité de savoir.

– C'est juste que les humains ont mis le monde sens dessus dessous. Pas les tortues.

– Je sais. Je suis proche de l'extinction à cause de vous.

– Désolé.

– C'était un "vous" générique. Mais oui, vous aussi.

– Je sais. Je suis humain. Je partage la faute.

– En effet.

– Oui.

– En tout cas, si vous voulez vraiment savoir, mon conseil est "Arrêtez ça".

– Arrêter quoi ?

– Ça. Courir après rien. Les humains ont l'air tellement pressés de fuir ce qu'ils sont. Pourquoi ? C'est l'air ? Est-ce qu'il ne vous retient pas assez ? Vous devriez peut-être passer plus de temps dans la mer. Je dirais : Arrêtez ça. Ne vous contentez pas de prendre votre temps, *soyez votre temps*. Bougez vite ou lentement, mais ayez conscience que vous vous emportez toujours avec vous. Soyez heureux de nager dans les eaux de l'existence.

– D'accord.

– Regardez ma tête. Elle est petite. Mon ratio corps-tête est embarrassant. Mais ça n'a aucune importance, vous savez. Si vous prenez la vie prudemment, vous pouvez vous concentrer. Vous pouvez avoir une approche amphibie de la vie. Vous pouvez ne faire qu'un avec le rythme de la terre entière. Dans l'eau comme sur terre. Vous pouvez vous connecter au vent et à l'eau. Vous pouvez vous connecter à vous-même. C'est plutôt merveilleux d'être une tortue, vous savez.

– J'imagine. Merci, tortue.

– Maintenant, je peux ravoir un peu d'algues ? »

Renverser la boucle

L'anxiété s'autoperpétue. Quand vous en souffrez sous forme de maladie, elle crée un cercle vicieux de désespoir. La seule manière de s'en sortir, c'est de cesser la méta-inquiétude, de cesser de s'inquiéter à cause de l'inquiétude, ce qui est pratiquement impossible. Parfois, il faut trouver une sorte de boucle inversée. Je le fais en acceptant mon état de non-acceptation. En étant à l'aise avec mon malaise. En acceptant que je n'ai pas le contrôle.

Un cliché vrai : vous ne pouvez pas aller où vous voulez aller sans d'abord accepter d'être là où vous êtes. Le monde tente de nous dire de ne pas nous accepter nous-mêmes. Il nous fait désirer être plus riches, plus beaux, plus minces, plus heureux. En vouloir toujours plus. Quand nous sommes malades, cela devient doublement vrai, pourtant c'est à ce moment-là que nous avons le plus besoin de nous accepter, d'accepter ce moment de douleur pour pouvoir le laisser aller. Laissez-le partir lentement, vers le monde d'où il vient.

Le ciel est toujours le ciel

Je viens juste de regarder par la fenêtre, et je me sens plus calme. Ce soir, la lune flirte derrière un voile de nuages bleu hématome. Le ciel est sensationnel. Aucune photo ne pourrait le capturer.

Cela m'a rappelé quelque chose. Quand j'ai souffert d'un long épisode de dépression, il y a environ dix ans, la pire dépression que j'aie connue depuis mon effondrement à la vingtaine, l'un des rares réconforts que je trouvais consistait à regarder le ciel. Nous vivions dans le Yorkshire, il n'y avait pas trop de pollution lumineuse, le ciel était vaste et clair. Je sortais les poubelles, je regardais le ciel nocturne et je sentais que moi et ma douleur devenions plus petits. Je restais là un moment, à respirer l'air frais, fixant les étoiles, les planètes, les constellations. Je respirais profondément, comme si je pouvais inhaler le cosmos. Parfois, je posais ma main sur mon ventre et je sentais le battement affolé de ma respiration nerveuse commencer à se calmer.

Je me suis souvent demandé, et je me demande encore, pourquoi le ciel, surtout la nuit, produit un tel effet. Avant, je pensais que c'était une question d'échelle. Quand on regarde le cosmos, on ne peut pas s'empêcher de se sentir minuscule. On sent sa propre petitesse dans l'espace, mais aussi dans le temps. Car quand on regarde l'espace, on regarde l'histoire ancienne. On regarde les étoiles comme elles *étaient*, pas comme elles *sont*. La lumière voyage. Elle n'apparaît pas instantanément. Elle se déplace à 300 000 kilomètres par seconde. Cela paraît rapide, mais cela signifie que la lumière de l'étoile la plus proche de la Terre (après le Soleil) a mis plus de quatre ans pour y parvenir.

Certaines étoiles visibles à l'œil nu sont à plus de 15 000 années-lumière. Ce qui signifie que la lumière qui atteint notre œil a commencé son périple au début de l'âge de glace. Avant que les humains ne sachent cultiver la terre. Nonobstant la croyance populaire, la plupart des étoiles que nous voyons à l'œil nu ne sont pas mortes. Contrairement à nous, les étoiles existent pendant très longtemps. Cela n'enlève rien à la majesté thérapeutique du ciel nocturne, bien au contraire. Le magnifique mais infiniment court rôle que nous jouons dans le cosmos est le plus rare dans la galaxie : un organisme vivant, qui respire, conscient.

Quand on regarde le ciel, toutes nos inquiétudes du XXIe siècle peuvent être replacées dans leur perspective cosmique. Le ciel est plus grand que les e-mails, les dates de remise, les crédits et les trolls sur Internet. Il est plus grand que notre esprit et ses maladies. Il est plus grand que les noms, les nations, les dates et les horloges. Toutes nos inquiétudes terrestres sont bien illusoires comparées au ciel. Tout au long de nos vies, au long de chaque chapitre de l'histoire humaine, le ciel a toujours été le ciel.

Et, bien sûr, quand nous regardons le ciel, nous ne regardons pas quelque chose hors de nous-mêmes. En réalité, nous regardons l'endroit d'où nous venons. Comme l'a écrit le physicien Carl Sagan dans son chef-d'œuvre *Cosmos* : « L'azote de notre ADN, le calcium de nos dents, le fer de notre sang, le carbone de notre tarte aux pommes ont été fabriqués au cœur d'étoiles en désintégration. Nous sommes faits de poussière d'étoile. »

Le ciel, comme la mer, nous ancre. Il dit : Hé, tout va bien, tu fais partie de quelque chose de plus grand que ta vie, c'est – littéralement – cosmique. C'est ce qu'il y a de plus merveilleux. Il faut faire comme un arbre ou un oiseau et se contenter de sentir qu'on appartient au grand ordre naturel, de temps à autre. Vous êtes incroyable. Vous êtes tout et rien. Vous êtes un moment unique et toute l'éternité. Vous êtes l'univers en mouvement.

Bien joué.

Nature

Il a été prouvé que le ciel nous apaise.

En 2018, une étude menée par le King's College de Londres a établi que voir le ciel améliore notre santé mentale. Pas seulement le ciel. Voir des arbres, entendre des oiseaux, être dehors, en contact avec la nature.

Les sujets allaient dans le monde et devaient enregistrer leur état mental à différents endroits. Il est intéressant de noter que cette étude était assez nuancée, car elle prenait en compte le risque qu'avait chaque individu de développer une mauvaise santé mentale, grâce à un questionnaire préliminaire.

L'étude, au titre accrocheur de « Urban Mind : Using Smartphone Technologies to Investigate the Impact of Nature on Mental Wellbeing in Real Time » (« L'esprit urbain : utiliser la technologie des Smartphones pour étudier l'impact de la nature sur le bien-être mental en temps réel »), a conclu que si se trouver dans le monde naturel est bon pour tout un chacun, c'est particulièrement bénéfique pour les personnes les plus prédisposées aux problèmes de santé mentale tels que l'addiction, le trouble de déficit de l'attention, le trouble de la personnalité antisociale et le trouble bipolaire.

« L'exposition à court terme à la nature a un impact bénéfique mesurable sur le bien-être mental », conclut le Dr Andrea Mechelli, qui a dirigé les recherches.

Les projets d'écothérapie ou de « soins verts » se développent. De nombreuses fermes urbaines ou jardins partagés sont aujourd'hui utilisés par des professionnels de la santé mentale pour réduire le stress, l'anxiété et la dépression. Au fond, il s'agit de suivre un vieux conseil : « Va prendre l'air. » En 1859, Florence Nightingale écrivait dans *Des soins à donner aux malades* que « après une pièce fermée, ce qui les fait le plus souffrir [les patients] est une pièce sombre » et affirmait que « c'est non seulement de lumière, mais de la lumière directe du soleil qu'ils ont besoin ». Les preuves suivent enfin.

Le problème, c'est que plus de la moitié de la population mondiale vit aujourd'hui dans une grande ville. En 1950, plus des deux tiers des habitants de la planète habitaient à la campagne. Aujourd'hui, dans le monde entier, la plupart des gens vivent dans des zones urbaines. À une époque où l'on passe plus de temps à l'intérieur que jamais, il est clair que nous n'existons que rarement au cœur des forêts, sous le ciel naturel.

Il est temps que nous prenions conscience que le bleu et le vert de la nature peuvent nous aider. Et nos enfants aussi. Davantage d'air frais, de lumière du soleil, et si possible des balades en forêt ou à la campagne. Peut-être, armés de ces preuves, pouvons-nous faire en sorte que les espaces urbains que nous habitons soient un peu plus verts, plus agréables, afin que tout le monde puisse profiter de la nature, non une poignée de privilégiés.

Le monde intérieur

La beauté de la nature peut donc soigner. Mais à Ibiza, en 1999, je me tenais au bord d'une falaise à proximité de la villa où je vivais, située dans l'un des coins les plus calmes à l'est de l'île, prêt à sauter.

Je n'avais littéralement aucun moyen de supporter – du moins je n'en voyais aucun – la douleur mentale et la confusion que je subissais, et j'aurais voulu que personne ne m'aime pour pouvoir partir, disparaître avec un impact minimal.

Je repense parfois à cette falaise. À l'herbe dure sur laquelle je me tenais, à la mer scintillante que je regardais, à la côte de calcaire qui s'étendait. Sur le moment, rien de tout cela ne m'a consolé. La nature est bonne pour nous, mais au moment de la crise, rien n'aide. Aucune vision du monde n'aurait pu me faire aller mieux en ce moment d'extrême douleur invisible. Cette vue n'a certainement pas beaucoup changé en vingt ans. Pourtant, je pourrais me tenir là, éprouver sa beauté et me sentir très différent du jeune homme terrifié que j'étais.

Le monde nous affecte, mais il n'est pas *nous*. Il existe un espace en nous indépendant de ce que nous voyons et de là où nous sommes. Cela signifie que nous pouvons éprouver de la douleur dans la beauté et le calme extérieurs. À l'inverse, nous pouvons nous sentir calmes dans un monde de peur. Nous pouvons cultiver le calme en nous, le faire vivre et grandir pour nous aider à aller de l'avant.

Un cliché à propos de la lecture dit qu'il y a autant de livres que de lecteurs. Cela signifie que chaque lecteur a sa propre vision d'un livre. Cinq personnes peuvent lire, mettons, *La main gauche de la nuit* d'Ursula K. Le Guin et avoir cinq réactions légitimes parfaitement différentes. Il ne s'agit pas de ce que vous lisez, mais de la manière dont vous le lisez. L'écrivain écrit une histoire, mais il lui faut un lecteur pour qu'elle prenne vie, et elle ne prend jamais vie deux fois de la même manière. L'histoire ne se compose pas seulement de mots. C'est aussi la manière dont nous les lisons. Voilà la variable. C'est là qu'est la magie. Tout ce que peut faire l'écrivain, c'est fournir une allumette, de préférence sèche. Le lecteur doit la craquer pour faire apparaître la flamme.

Il en va de même pour le monde. Il existe autant de mondes que d'habitants. Le monde existe en vous. Votre expérience du monde n'est pas la chose objective, inchangeable appelée « Le Monde ». Non. Votre expérience du monde est votre interaction avec lui, l'interprétation que vous en faites. Jusqu'à un certain degré, nous faisons notre propre monde. Nous le lisons à notre manière. Mais nous pouvons aussi, jusqu'à un certain degré, choisir quoi lire. Nous devons comprendre ce qui dans le monde nous rend tristes, nous effraie, nous perd, nous rend malades, calmes ou heureux.

Nous devons trouver parmi ces milliards de mondes humains celui où nous voulons vivre. Celui qui n'existerait jamais si nous ne l'imaginions pas.

De même, nous devons comprendre que, bien qu'il puisse les influencer grandement, le monde n'est pas nos sentiments. Nous pouvons être calmes à l'hôpital, souffrir sur une falaise espagnole.

Nous pouvons nous contredire. Nous pouvons contredire le monde. Nous pouvons parfois accomplir l'impossible. Nous pouvons vivre quand la mort semble inévitable. Et nous pouvons espérer alors que nous pensons qu'il n'y a plus d'espoir.

Vous, *unplugged*

La vie peut parfois ressembler à une chanson trop travaillée, une cacophonie où cent instruments jouent en même temps. Parfois, une chanson est meilleure réduite à une guitare et une voix. Parfois, quand il se passe trop de choses dans une chanson, il est difficile de l'entendre.

De même que cette chanson surchargée, nous pouvons nous sentir un peu perdus.

Notre être naturel n'a pas changé depuis des dizaines de milliers d'années. Nous devrions nous en souvenir à chaque application, chaque Smartphone, chaque réseau social ou chaque arme nucléaire que nous créons. Nous devrions nous rappeler la chanson de l'être humain. Penser à l'air quand nous nous sentons coincés sous l'eau. Trouver le calme dans un âge saturé par le marketing, les flashs info et les millions de sursauts quotidiens d'Internet. Ne pas avoir peur d'avoir peur. Être nous-mêmes, brillants, vrais, beaux, fragiles, imparfaits, animaux, vieillissants, merveilleux, piégés dans le temps et l'espace, libérés par notre capacité à nous arrêter, n'importe quand, à trouver quelque chose – une chanson, un rayon de soleil, une conversation, un joli graffiti – et à éprouver le pur et improbable émerveillement d'être en vie.

18
Tout ce que vous êtes est assez

« Il n'y a qu'un coin de l'univers que vous êtes certain d'améliorer, c'est vous-même. »
Aldous Huxley

Des choses qui ont presque toujours été là

Les falaises. Les fougères arborescentes. La camaraderie. Le ciel. L'homme dans la lune. La sentimentalité des levers et des couchers de soleil. L'amour éternel. Le désir étourdissant. Les projets abandonnés. Les regrets. Le ciel nocturne sans nuages. La pleine lune. Les baisers du matin. Les fruits frais. L'océan. La mer. La marée. Les rivières. Les lacs aussi lisses que des miroirs. Les visages remplis d'amitié. La comédie. Le rire. Les histoires. Les mythes. Les chansons. La faim. Le plaisir. Le sexe. La mort. La foi. Le feu. La bonté profonde et silencieuse de l'observation. La lumière rendue plus vive par l'obscurité environnante. Les regards. La danse. Les conversations insensées. Le silence sensé. Le sommeil. Les rêves. Les cauchemars. Les monstres faits d'ombres. Les tortues. Les poissons-scies. Le vert tendre de l'herbe humide. Le violet hématome des nuages au crépuscule. Le fracas mouillé des vagues sur des rochers qui s'érodent lentement. La brillance sombre et lisse du sable mouillé. Le soupir de soulagement quand on étanche sa soif. La conscience terrible et tentante d'être en vie. L'instant présent qui constitue l'éternité. La possibilité de l'espoir. La promesse de la maison.

Ce que je me dis quand ça commence à être trop

1. Ça va.

2. Même si ça ne va pas, si c'est quelque chose que tu ne contrôles pas, n'essaie pas de le contrôler.

3. Tu te sens incompris. Tout le monde est incompris. Ne t'inquiète pas que les gens ne te comprennent pas. Cherche à te comprendre toi-même. Ensuite, rien d'autre n'aura d'importance.

4. Accepte-toi. Si tu n'es pas satisfait de toi-même, acceptetoi au moins comme tu es maintenant. Tu ne peux pas te changer si tu ne te connais pas.

5. Ne sois pas cool. N'essaie jamais d'être cool. Ne te préoccupe pas de ce que pensent les gens cool. Va vers les gens chaleureux. La vie, c'est la chaleur. Tu seras frais quand tu seras mort.

6. Trouve un bon livre. Assieds-toi et lis-le. Il y aura des moments dans ta vie où tu te sentiras perdu. Pour revenir à toi-même, lis. Souviens-t'en. Plus tu lis, plus tu sauras t'orienter dans ces temps difficiles.

7. Ne te fige pas. Ne te laisse pas aveugler par les connotations de ton nom, de ton sexe, de ta nationalité, de ta sexualité sur ton profil Facebook. Sois davantage que des données à

récolter. « Quand je lâche prise sur ce que je suis, je deviens ce que je peux être », disait le philosophe chinois Lao Zi.

8. Ralentis. Encore Lao Zi : « La nature ne se presse pas, pourtant tout est accompli. »

9. Profite d'Internet. Ne l'utilise pas quand tu n'en profites pas. (Rien ne paraît si simple, pourtant rien n'est plus compliqué.)

10. Souviens-toi que beaucoup de gens éprouvent la même chose que toi. Tu peux même les trouver en ligne. C'est l'un des aspects les plus thérapeutiques de l'âge des réseaux sociaux. Tu peux trouver un écho à ta douleur. Tu peux trouver quelqu'un qui te comprendra.

11. Comme le dit presque Yoda, n'*essaie* pas d'être. Essayer, c'est l'opposé d'être.

12. Ce qui te rend unique, ce sont tes défauts. Tes imperfections. Accepte-les. Ne tente pas de filtrer ta nature humaine.

13. Ne laisse pas le marketing te convaincre que le bonheur est une transaction commerciale. Comme le cow-boy cherokee-américain Will Rogers l'a dit : « Trop de gens dépensent de l'argent qu'ils n'ont pas gagné, pour s'acheter des choses dont ils ne veulent pas, pour impressionner des gens qu'ils n'aiment pas. »

14. Ne saute jamais le petit déjeuner.

15. Va te coucher avant minuit le plus souvent.

16. Même pendant les périodes frénétiques – Noël, réunions de famille, périodes de travail acharné, week-ends en ville –, trouve des moments de calme. De temps à autre, retire-toi dans une chambre. Ajoute une virgule dans ta vie.

17. Achète moins de choses.

18. Fais du yoga. C'est plus difficile d'être stressé si ton corps et ta respiration ne le sont pas.

19. Dans une période troublée, garde une routine.

20. Ne compare pas les pires moments de ta vie aux meilleurs moments de la vie des autres.

21. Accorde le plus de valeur aux choses qui te manqueraient le plus si elles n'étaient pas là.

22. N'essaie pas de te figer. N'essaie pas de comprendre une fois pour toutes qui tu es. Comme l'a dit le philosophe Alan Watts, « essayer de se définir, c'est comme essayer de mordre ses propres dents ».

23. Va marcher. Va courir. Danse. Mange une tartine de beurre de cacahuète.

24. N'essaie pas de ressentir quelque chose que tu ne ressens pas. N'essaie pas d'être quelque chose que tu ne peux pas être. Cette dépense d'énergie va t'épuiser.

25. Se connecter avec le monde n'a rien à voir avec le Wi-Fi.

26. Il n'y a pas de futur. Prévoir l'avenir revient simplement à prévoir un autre présent où tu essaieras de prévoir l'avenir.

27. Respire.

28. Aime maintenant. Aime tout de suite. Si tu as quelqu'un ou quelque chose à aimer, fais-le immédiatement. Aime sans peur. Comme l'a écrit Dave Eggers : « Attendre pour aimer, ce n'est pas une vie. » Jette l'amour par les fenêtres de manière désintéressée.

29. Ne te sens pas coupable. À moins d'être un sociopathe, il est presque impossible de ne pas se sentir coupable de nos jours. On nous accable de culpabilité. Il y a la culpabilité que nous avons apprise enfant, à l'heure du repas, celle de manger alors que nous savons que des gens meurent de faim dans le monde. La culpabilité du privilège. L'écoculpabilité de rouler en voiture, de prendre l'avion ou d'utiliser du plastique. La

culpabilité d'acheter des choses qui ne seraient pas éthiques. La culpabilité de désirs muets et infidèles. La culpabilité de ne pas être ce que les autres veulent qu'on soit. La culpabilité de prendre de la place. La culpabilité de ne pas réussir à faire les choses que d'autres arrivent à faire. La culpabilité d'être malade. La culpabilité de vivre. Toute cette culpabilité ne sert à rien. Elle n'aide personne. Essaye de bien faire maintenant, sans te noyer dans le mal que tu as peut-être commis un jour.

30. Considère-toi en dehors des forces du marché. N'entre pas dans le jeu de la compétition. Trouve l'espace non marchand à l'intérieur de toi. Le véritable espace. L'espace humain. L'espace qui ne pourra jamais se mesurer en termes de chiffres, d'argent ou de productivité. L'espace que l'économie de marché ne voit pas.

31. Regarde le ciel. (C'est incroyable. C'est toujours incroyable.)

32. Passe du temps avec un animal non humain.

33. N'aie pas honte d'être ennuyeux. L'ennui peut être sain. Quand la vie devient dure, tends vers les émotions beiges.

34. Ne te juge pas en fonction du jugement des autres sur toi. Comme le disait Eleanor Roosevelt : « Personne ne peut vous faire vous sentir inférieur sans votre consentement. »

35. Le monde peut être triste. Mais souviens-toi qu'un million d'actes de gentillesse surviennent chaque jour sans qu'on en parle. Un million d'actes d'amour. La bonté humaine vit en silence.

36. Ne te flagelle pas parce que tu es désorganisé. Ce n'est pas grave. L'univers est désorganisé. Les galaxies dérivent de partout. Tu es simplement en accord avec le cosmos.

37. Si tu ne te sens pas bien mentalement, soigne-toi comme pour n'importe quel problème physique. Asthme, grippe, peu importe. Fais ce que tu as besoin de faire pour aller mieux. N'en aie pas honte. Ne continue pas à marcher avec une jambe cassée.

38. Tu peux pleurer. Les gens pleurent. Les femmes pleurent. Les hommes aussi pleurent. Ils ont des canaux et des glandes lacrymales comme tous les êtres humains. Un homme qui pleure n'a rien de différent d'une femme qui pleure. C'est naturel. Les rôles sociaux sont toxiques quand ils ne permettent pas d'évacuer la douleur. Ni l'émotion ou les sentiments. Pleure, humain. Pleure de tout ton cœur.

39. Autorise-toi à échouer. Autorise-toi à douter. Autorise-toi à te sentir vulnérable. Autorise-toi à changer d'avis. Autorise-toi à être imparfait. Autorise-toi à résister au dynamisme.Autorise-toi à ne pas traverser la vie comme une flèche tendue vers un but.

40. Essaie d'en vouloir moins. Un désir est un trou. Un désir est un manque. Cela fait partie de la définition. Quand le poète Byron écrivait : « J'ai besoin d'un héros », il voulait dire qu'il n'en avait pas. L'acte de désirer des choses que nous n'avons pas nous fait éprouver un manque que nous n'avions pas. Tout ce dont tu as besoin est là. Un être humain est complet juste parce qu'il est humain. Nous sommes notre propre destination.

Retours en baisse

La planète Terre est unique. C'est le seul endroit que nous connaissions où la vie existe dans la vaste arène cosmique qu'est l'univers. Un endroit incroyable. À elle seule, elle nous donne tout ce dont nous avons besoin pour survivre.

Vous aussi, vous êtes incroyables. Tous autant que vous êtes. Vous êtes incroyables depuis le jour de votre naissance. Vous êtes *tout* depuis le jour de votre naissance. Personne ne regarde un bébé en se disant : Oh mon Dieu, regarde cette *absence de trucs*. Quand on regarde un bébé, on a l'impression de regarder la perfection, libre des complexités et du bagage de la vie à venir.

Nous venons au monde complet. Donnez-nous à boire, à manger, de quoi nous abriter, chantez-nous une chanson, racontez-nous une histoire, donnez-nous des gens à qui parler, pour prendre soin de nous, tomber amoureux, et voilà. Une *vie.*

Mais quelque part en chemin, nous avons relevé la barre de ce dont nous avons besoin, ou croyons avoir besoin pour être heureux.

On nous encourage à acheter des choses pour nous rendre heureux, parce qu'on encourage les entreprises à gagner davantage d'argent pour avoir du succès. C'est addictif. Non parce que cela nous rend heureux. C'est addictif parce que cela ne nous rend *pas* heureux. Nous achetons quelque chose, et ça nous plaît – la *nouveauté* nous plaît – pendant un temps, mais quand nous nous habituons à l'avoir, nous nous habituons et nous avons besoin d'autre chose. Nous avons besoin d'éprouver la sensation de changement, de variété. Quelque chose de plus neuf, de mieux, amélioré. Puis ça recommence.

Au fil du temps, nous nous habituons à toujours plus de choses.

Cela s'applique à tout.

L'instagrammeur qui aime recevoir beaucoup de *like* pour un selfie en cherchera bientôt davantage, et sera déçu si leur nombre reste constant. L'étudiant qui a des 20 tout le temps aura un sentiment d'échec s'il a un seul 16. L'entrepreneur qui devient riche cherchera à gagner encore plus d'argent. Le sportif qui aime son nouveau corps sculpté voudra s'entraîner encore plus. Le travailleur qui obtient la promotion qu'il désirait en voudra bientôt une autre. À chaque réussite, acquisition ou achat, la barre est levée.

Autrefois, je pensais que je serais heureux si mes articles étaient publiés. Puis si je publiais un livre. Puis si je publiais un *autre* livre. Puis si l'un de mes livres devenait un best-seller. Puis si un autre le devenait. Puis s'il devenait *numéro un* des ventes. Puis si les droits étaient vendus pour faire un film. Et ainsi de suite. Comme beaucoup de gens, j'étais heureux, de manière éphémère, chaque fois que j'atteignais un but que je m'étais fixé dans ma carrière, mais mon esprit s'habituait rapidement à cette nouvelle réussite et trouvait un nouveau but. Ainsi, plus je recevais, plus j'avais besoin de recevoir pour rester à niveau.

Plus on a de « succès », plus il est facile d'être déçu quand on n'obtient pas quelque chose. La seule différence, c'est que personne ne compatit avec vous.

Peu importe ce qu'on achète ou ce qu'on réussit, le sentiment ne dure pas. Un champion sportif veut toujours une autre victoire. La star affamée d'attention veut toujours plus de célébrité. De même que l'alcoolique veut un autre verre ou le joueur un autre pari.

Mais les retours diminueront toujours.

L'enfant qui a cent jouets jouera de moins en moins avec chaque nouveau cadeau.

Pensez-y. Si vous pouviez vous offrir des vacances dix fois plus chères que votre dernier voyage, vous sentiriez-vous dix fois plus détendu ? J'en doute. Si vous pouviez passer dix fois plus de temps à consulter votre fil Twitter, seriez-vous dix fois plus informé ? Bien sûr que non. Si vous passiez deux fois plus de temps au travail, en feriez-vous deux fois plus ? Les recherches suggèrent que non. Si vous pouviez acheter une voiture dix fois plus chère que votre véhicule actuel, cela vous mènerait-il de A à B dix fois plus vite ? Non. Si vous achetiez plus de crèmes anti-âge, vieilliriez-vous moins à chaque achat ? Non plus.

Vous êtes conditionné à en vouloir davantage. Ce conditionnement vient souvent d'entreprises qui sont elles-mêmes conditionnées, collectivement, à en vouloir davantage. En vouloir plus est la position par défaut.

Mais de même qu'il n'existe qu'une planète – une planète avec des ressources finies –, il n'existe qu'un seul vous. Et vous aussi disposez d'une ressource finie – le temps. Or, avouons-le, vous ne pouvez pas vous multiplier. Une planète surchargée nous pousse à mener une vie surchargée, mais en définitive vous ne pouvez pas jouer avec tous les jouets. Vous ne pouvez pas utiliser toutes les applications. Vous ne pouvez pas être de toutes les fêtes. Vous ne pouvez pas abattre le travail de vingt personnes. Vous ne pouvez pas suivre toutes les informations. Vous ne pouvez pas regarder toutes les émissions. Vous ne pouvez pas vivre dans deux endroits à la fois. Vous pouvez acheter plus, vous pouvez acquérir plus, vous pouvez travailler plus, vous pouvez gagner plus, vous pouvez faire plus d'efforts, vous pouvez twitter plus, vous pouvez regarder plus, vous pouvez désirer plus, mais puisque chaque nouvelle excitation diminue, il arrive un moment où vous devez vous demander : à quoi bon tout cela ?

Combien de bonheur supplémentaire suis-je en train d'acquérir ? Pourquoi est-ce que je désire bien plus que ce dont j'ai besoin ?

Ne serais-je pas plus heureux en apprenant à apprécier ce que j'ai déjà ?

Des idées simples pour un nouveau début

– *Conscience.* Ayez conscience du temps que vous passez sur votre téléphone, de la manière dont les informations vous perturbent, dont votre attitude au travail change, de la pression que vous ressentez, et quelle part de ces sensations provient des problèmes de la vie moderne, du fait d'être connecté au système nerveux du monde. La conscience devient une solution. De même qu'avoir conscience de votre main sur un poêle chaud signifie que vous pouvez retirer votre main, avoir conscience des requins invisibles de la vie moderne vous aide à les éviter.

– *Plénitude.* Les déficiences qu'on vous pousse à éprouver, que la société semble vouloir que vous ressentiez, vous n'êtes pas obligé de les accepter. Vous êtes né comme vous deviez être, et vous le restez. Vous ne serez jamais quelqu'un d'autre, alors n'essayez pas. Vous n'avez pas de doublure. Vous êtes celui qui est là pour être vous. Ne vous comparez pas, ne vous jugez pas sur la base de l'opinion de gens qui n'ont jamais été vous.

– *Le monde est réel, mais* votre *monde est subjectif.* Modifier votre perspective change votre planète. Cela peut changer votre vie. Une version de la théorie du multivers affirme que nous créons un nouvel univers avec chaque décision que nous prenons. Vous pouvez parfois entrer dans un univers meilleur simplement en ne regardant pas votre téléphone toutes les dix minutes.

– *Moins, c'est plus.* Une planète surchargée crée un esprit surchargé. Cela pousse à dormir tard, à dormir moins. Cela pousse à s'inquiéter pour des e-mails auxquels on n'a pas répondu à 3 heures du matin. Dans les cas extrêmes, cela mène à des crises de panique au rayon céréales. Ce n'est pas *Mo' Money Mo' Problems* (Plus d'argent, plus de problèmes), comme dit la chanson de Notorious B.I.G. C'est plus de tout, plus de problèmes. Simplifiez votre vie. Retirez ce qui n'a pas besoin d'être là.

– *Vous savez déjà ce qui a du sens.* Les choses qui comptent sont évidemment celles qui vous manqueraient le plus si elles disparaissaient. Ce sont les choses auxquelles vous devez consacrer du temps, quand vous pouvez. Les gens, les endroits, les livres, la nourriture, les expériences, peu importe. Parfois, pour profiter davantage de ces choses, il faut réduire les autres. Il faut se libérer.

Les choses importantes

Il y a une semaine, je suis allé dans un magasin de bienfaisance avec les choses que j'avais accumulées. Je m'en suis débarrassé. C'était agréable. Non seulement charitable, mais purifiant. Maintenant, la maison est libre d'une bonne partie de mon bazar. Les vêtements que je ne mets jamais, les aftershave que je n'ai jamais utilisés, deux chaises sur lesquelles personne ne s'assied, de vieux DVD que je ne regarderai plus jamais et même – argh ! – des livres que je ne lirai jamais.

« Tu es sûr que tu veux te débarrasser de tout ça ? » m'a demandé Andrea en contemplant le paysage de sacs-poubelle dans le couloir. Même elle – une jeteuse invétérée – était surprise.

« Ouais. Je crois. »

En jetant des choses, j'ai donné davantage de valeur à celles que je gardais. Par exemple, en jetant de vieux DVD, j'en ai découvert un que je voulais non seulement garder, mais aussi regarder. *La Vie est belle*. Je l'ai regardé deux jours plus tard.

Je ne veux pas vous donner l'impression de rater quelque chose – et ce n'est vraiment pas d'actualité –, mais si vous n'avez jamais regardé *La Vie est belle*, essayez. Ce n'est pas de la guimauve. Certes, c'est sérieux et sentimental, mais de manière honnête. C'est brut. Ce film a une puissance incroyable. Il parle de l'importance des petites vies. Des raisons pour lesquelles nous avons de l'importance. De la différence que peut faire une existence. Des raisons pour lesquelles nous devons rester en vie. Ce film n'est jamais une perte de temps. Il aide à donner de la valeur au temps.

Voilà un exemple de la manière d'éliminer les choses médiocres qui encombrent votre temps et votre salon permet de se concentrer sur les bonnes choses. De même, limiter votre accès aux informations vous aide à prioriser ce qui est important quand vous les suivez de nouveau. Travailler moins longtemps vous aide à rendre ces heures plus productives. Et ainsi de suite. Désencombrez. Corrigez votre vie.

Pour être honnête, faire le vide a été la partie la plus facile. Il est facile de diviser par deux le nombre de vêtements dans votre garde-robe. Il est facile de mettre un meilleur filtre sur vos e-mails et de désactiver les notifications. Il est facile d'être plus gentil avec les gens en ligne. Il est *relativement* facile d'aller au lit un peu plus tôt. Il est *relativement* facile de devenir plus conscient de votre respiration et de se donner le temps de faire une demi-heure de yoga par jour. Il est *relativement* facile de recharger votre téléphone la nuit *en dehors* de la chambre. (OK, c'est encore difficile, mais je le fais.)

Ce qui est vraiment difficile, c'est de changer des attitudes à l'intérieur de vous-même. Comment les modifier ?

Ces attitudes que nous inculque la société. Des attitudes envers ce qu'il faut faire, ce à quoi il faut accorder de la valeur. Des attitudes envers comment il faut travailler, gagner, consommer, regarder, vivre. Des attitudes envers la séparation entre la santé physique et mentale. Des attitudes envers toutes les choses dont les marketeurs et les politiciens nous encouragent à avoir peur. Envers tous les désirs et les manques que vous êtes supposé éprouver afin de perpétuer l'ordre économique et social.

Oui. Pas facile. Accepter, voilà la clé.

Accepter qui vous êtes. Accepter la réalité de la société, mais aussi votre propre réalité, sans avoir l'impression que vous êtes incomplet. C'est cette sensation de manque qui remplit notre maison et notre esprit de bric-à-brac. Essayez de rester pleinement vous-même. Un être humain complet, entier, présent dans le seul but d'être vous.

« Le truc, c'est de libérer son moi, écrivait Virginia Woolf, qui luttait à la tâche. Le laisser trouver sa dimension, sans empêchement. »

Je mentirais si je disais que j'en suis déjà là. Pas du tout. J'en suis un peu plus proche, mais encore à des années-lumière. Je doute que je parviendrai un jour à cet heureux état de nirvana au-delà du monde nerveux de la technologie, de la consommation et de la distraction. Avec un esprit aussi clair qu'un ruisseau de montagne. Il n'y a pas de ligne d'arrivée. Il ne s'agit pas d'être parfait. En réalité, se punir soi-même parce qu'on n'est pas parfait fait partie du problème. Ainsi, accepter là où j'en suis – amélioré et imparfait – est une tâche continue, mais très gratifiante.

Savoir ce qui est malsain rend beaucoup plus facile de se protéger.

C'est la même chose avec la nourriture et la boisson. Si vous savez que le chocolat et le Coca-Cola sont mauvais pour la santé, cela ne signifie pas que vous n'en consommerez plus.

Mais cela signifie peut-être que vous en prendrez moins, ou que vous en profiterez davantage quand vous en consommerez, et que cela deviendra plus spécial.

Ainsi, au lieu de regarder la télévision pendant cinq heures d'affilée, j'essaie maintenant de regarder une seule émission.

Au lieu de passer un après-midi entier sur les réseaux sociaux, j'y passe dix minutes de temps à autre et je regarde toujours l'heure sur mon ordinateur quand je me connecte pour savoir combien de temps j'y passe. J'essaie de faire de bonnes actions et de me comporter gentiment quand je peux. Rien d'héroïque, juste l'ordinaire – donner à des associations, parler avec les sans-abri, aider les gens en difficulté avec leur santé mentale, laisser ma place dans le train. Des micro-gentillesses. Pas seulement par abnégation, mais parce que bien se comporter est assez thérapeutique. On se sent bien. Une sorte de désencombrement psychologique. La gentillesse est le nettoyage de printemps de l'esprit. Elle rend peut-être cette planète nerveuse un peu moins nerveuse.

C'est un effort continu. J'essaie de me sentir bien avec moi-même. De ne pas avoir l'impression que je dois travailler, dépenser ou faire de l'exercice pour m'accepter. Que je n'ai pas besoin d'être dur et invulnérable pour être un homme. Que je ne dois pas m'inquiéter de ce que les autres pensent de moi. Et même quand je me sens faible, même quand toutes ces peurs et ces pensées indésirables m'assaillent, tout ce *spam de la pensée*, j'essaie de rester calme. J'essaie de ne pas essayer. J'essaie de simplement accepter comment je suis. J'accepte ce que je ressens. Ensuite, je peux le comprendre et changer ma manière d'interagir avec le monde.

Le monde est à l'intérieur de vous

Vous faites peut-être partie de la planète. Mais la planète fait également partie de vous. Et vous pouvez choisir la façon d'y réagir. Vous pouvez changer les parties qui entrent en vous. D'une certaine manière, il est facile de voir que la planète montre des symptômes similaires à ceux d'un individu souffrant de trouble de l'anxiété, mais il n'existe pas *une seule* version du monde. Il en existe sept milliards. Le but est de trouver celle qui vous convient le mieux.

Et rappelez-vous.

Tout ce qui rend les humains spéciaux – notre capacité à aimer, l'art, l'amitié, les histoires et tout le reste – n'est pas le produit de la vie moderne, c'est le produit de *l'être humain*. Ainsi, quand on ne parvient pas à se dépêtrer du stress éphémère et frénétique de la vie moderne, nous pouvons tendre l'oreille vers notre personnalité humaine (ou notre âme, si vous préférez) et écouter le silence de l'être. Prendre conscience du fait que nous n'avons pas besoin de nous distraire de nous-même.

Tout ce dont nous avons besoin, c'est être là. Tout ce que nous sommes suffit. Nous n'avons pas besoin d'un plus gros bateau pour affronter les requins invisibles autour de nous. Nous *sommes* le plus gros bateau. Comme l'a dit Emily Dickinson, le cerveau est plus grand que le ciel. En remarquant comment la vie moderne nous fait nous sentir, en acceptant cette réalité et en étant suffisamment ouverts d'esprit pour changer quand le changement est sain, nous pouvons embrasser ce monde magnifique sans craindre qu'il nous vole qui nous sommes.

Commencement

Je regarde l'heure sur mon ordinateur.

Pour savoir combien de temps je passe devant un écran. J'y passe moins de temps par le simple fait de le savoir. C'est la clé, je suppose : avoir conscience.

Une autre conscience. J'ai conscience du chien, maintenant, à mes pieds.

J'ai aussi conscience de la vue.

Le soleil brille par ma fenêtre. Je vois la mer au loin. Des éoliennes marines à l'horizon, petites lignes d'espoir. Des fils électriques zigzaguent dans le ciel, découpant la scène comme un tableau abstrait. Nous observons rarement les toits et les cheminées qui pointent vers le ciel.

Je regarde la mer, et cela m'apaise. J'essaie de rester connecté avec ce qui fait que je me sens bien dans ce monde. C'est ainsi que nous pouvons vivre dans le présent. C'est ainsi que chaque moment devient un commencement. En ayant conscience. En écartant les choses dont nous n'avons pas besoin et en trouvant ce dont nous avons réellement besoin. À partir de cette conscience, nous pouvons trouver un moyen de nous reprendre tout en restant amoureux de ce monde. Voilà l'idée. C'est sacrément dur. Mais cela vaut mieux que le désespoir. Tant que vous prenez soin de ne pas vous mettre en échec, une fois que vous acceptez le fait que vos défauts sont naturels, cela devient bien plus facile.

Tout à l'heure, j'irai au centre commercial. Je n'apprécie pas les centres commerciaux, mais ils ne provoquent plus chez moi de crises de panique. La clé pour survivre dans les centres commerciaux, dans les supermarchés, face aux commentaires négatifs en ligne et tout le reste, ce n'est pas de les ignorer, de les fuir ni de les combattre, mais de les laisser exister. Acceptez de n'avoir aucun contrôle sur eux, seulement sur vous.

« Car après tout, écrivait le poète Henry Wadsworth Longfellow, le mieux que l'on puisse faire quand il pleut, c'est laisser pleuvoir. » Oui. Laissez pleuvoir. Laissez la planète être. Vous n'avez pas le choix. Ayez aussi conscience de vos sentiments, bons ou mauvais. Identifiez ce qui fonctionne pour vous et acceptez ce qui ne fonctionne pas. Quand vous savez que la pluie est la pluie et non la fin du monde, cela rend les choses plus faciles.

Mais pour l'instant, il ne pleut pas.

Ainsi, dès que j'aurai terminé cette page, je sauvegarderai ce document, je fermerai l'ordinateur et je sortirai.

Dans l'air et le soleil.

Dans la vie.

Les personnes que j'aimerais remercier

J'aimerais remercier toutes les personnes rencontrées dans la vraie vie ou en ligne ces dernières années qui ont eu le courage de parler de leur santé mentale. Plus nous parlons, plus nous encourageons les autres à faire de même.

Bien que, et c'est ridicule, les livres ne portent qu'un nom sur la couverture, ils sont le fruit d'un effort collectif, celui-ci plus que les autres. D'abord, je dois une gratitude infinie et perpétuelle à ma grande, chaleureuse, intrépide et infatigable agente, Clare Conville, à tous ceux qui travaillent avec elle à C + W et à Curtis Brown.

Je dois remercier mon merveilleux éditeur chez Canongate, Francis Bickmore, qui a longuement souffert, ainsi que toutes les personnes intelligentes qui ont lu les premières versions, notamment mes brillants éditeurs de l'autre côté de l'océan – mon éditeur américain Patrick Nolan chez Penguin Random House et Kate Cassaday chez HarperCollins Canada. Ce livre ne serait pas non plus ce qu'il est sans le regard acéré d'Alison Rae, Megan Reid, Leila Cruickshank, Jo Dingley, Lorraine McCann, Jenny Fry et le grand chef de Canongate Jamie

Byng. Merci également à Pete Adlington pour son somptueux travail sur la couverture et à toute l'équipe de Canongate qui a travaillé dur sur ce livre et mes autres, notamment Andrea Joyce, Caroline Clarke, Jess Neale, Neal Price, Alice Shortland, Lucy Zhou et Vicky Watson.

Merci à tous mes amis des réseaux sociaux qui m'ont autorisé à les citer dans ce livre.

Bien sûr, merci à Andrea pour avoir été la première lectrice de ce livre et la plus honnête, et pour rendre la vie sur cette planète nerveuse moins éprouvante pour les nerfs. Mes excuses à Pearl et Lucas car ironiquement, ce livre m'a fait passer plus de temps que d'habitude à l'ordinateur.

Et merci à vous pour avoir choisi ce livre parmi la quasi-infinité de livres existants. C'est important pour moi.

Table

Cet ouvrage a été achevé d'imprimer
en août 2018 dans les ateliers de
CPI Firmin Didot

N° d'imprimeur : 147978
Dépôt légal : septembre 2018
ISBN : 978-2-84876-691-1
Imprimé en France